AF435667

Colección
Aula Abierta

Correa Alzate, Jorge Iván
    Integración escolar para población con necesidades especiales/ Jorge Iván
Correa Alzate. — Bogotá: Editorial Magisterio, 1998.
    110 p; 16 x 24 cm. — (Colección Aula Abierta)
    ISBN 978-958-200465-1
    Incluye bibliografía.
    1.Educación especial 2. Educación de niños I. Tít. II. Serie
371.9 cd 20 ed.
AGJ8060
        CEP-Biblioteca Luis-Angel Arango

Integración escolar para población con necesidades especiales

Jorge Iván Correa Alzate

Colección Aula Abierta

*INTEGRACIÓN ESCOLAR PARA POBLACIÓN
CON NECESIDADES ESPECIALES*

Autor
© *JORGE IVÁN CORREA ALZATE*

Libro ISBN: 978-958-200465-1

Primera edición: 1999.
Segunda edición: 2008.
Reimpresión: 2018.

© *COOPERATIVA EDITORIAL MAGISTERIO*
Diagonal 36 bis # 20-70 *(Parkway La Soledad)* PBX: 3383605/06
Bogotá, D.C. Colombia
www.magisterio.com.co
info@magisterio.com.co

Dirección General
ALFREDO AYARZA BASTIDAS

Contenido

Prefacio

Al referirnos al contexto de la *Integración escolar de la población con necesidades especiales*, debemos retomar vivencias, impresiones, proyectos y programas desarrollados hasta el momento.

De estos procesos, han perdurado en mi mente los aprendizajes generados por la experiencia con Martha Liliana, hoy una adolescente, quien por alguna circunstancia se cruzó en mi camino cuando ella era una niña y me enseñó que la exploración, la persistencia y la credibilidad son las fuentes para emprender una acción educativa diferente a la trabajada hasta el año 1987, cuando hablar del *Síndrome de Down* en nuestro país, significaba referirnos a describir las causas, las características físicas y a predecir que los niños con este síndrome máximo llegaban al segundo grado de escolaridad, Martha Liliana no fue estudiante de grados y niveles pero sí de procesos de aprendizaje provocando una ruptura a los parámetros establecidos en esa época.

La motivación por la vida de los hermanos Vélez que con la presencia de la distrofia muscular, son constantes los actos de valentía y lucha para enfrentar las adversidades, esa combinación entre lo afectivo y lo intelectual, son entre otras, algunas de las vivencias que me motivaron a tener en cuenta que los niños con necesidades especiales tenían potenciales que no se estaban aprovechando.

La experiencia dura y tan valiosa en el Comité Regional de Rehabilitación de Antioquia, a quien la considero mi primera escuela a nivel profesional por lo que dejó en mí la necesidad de romper los esquemas de atención en educación especial por los de educación integrada.

Cada vez que leo la carta que el Cacique Chamalú le dedicó a su hija Waira, me reafirmó que lo único significante que tenemos en la vida es la valoración y el reconocimiento que hacemos del ser humano, y que lo material está por debajo a cualquier hecho que dignifique al hombre, la vivencia en la rutina mas no en la cotidianidad, no nos deja ver la esencia de la vida y del ser humano.

Introducción

Los temas desarrollados en este texto, son elementos claves para la implementación de la política de integración escolar en el país.

Las comunidades educativas a partir de la Ley General de Educación (Ley 115 de 1994) se enfrentan a los retos de la transformación en el sistema educativo y entre estos aspectos se contempla la integración escolar para la población con necesidades especiales.

La normatividad al respecto ha sido interpretada en diferentes formas, lo que lleva a que la operacionalización en integración adquiera matices difíciles de compaginar.

La pretensión es dar claridad del componente legal para la integración escolar, así como algunos de sus elementos conceptuales referidos a: el aula de apoyo, la unidad de atención integral, el proyecto personalizado, el papel de las instituciones educativas y las actitudes que a nivel social se generan hacia la población con necesidades especiales.

El objetivo central es poner este material fruto del trabajo de aproximadamente 10 años al servicio de las comunidades educativas.

El texto no es un dogma para orientar la integración escolar en el país, sino un punto de partida, que estoy seguro originará reacciones de diferente índole e intensidad en cada lector.

1

Interpretación y evolución de las actitudes hacia las personas con necesidades especiales

Seguramente cuando nos hablan de personas que presentan deficiencias y/o necesidades educativas, nos imaginamos a un ser indefenso, desprotegido, retraído o quizás monstruoso.

Nuestro pensamiento se remite a especular sobre la situación de una familia con hijos en esta circunstancia y entonces se escuchan entre otras, expresiones como: "que pesar de esa familia", "que vida tan horrible" "¿cómo será tener un hijo así?" y podríamos continuar plasmando estos sentimientos, llegando a desconocer todas las palabras que se pueden utilizar, para referirnos a las personas con características y necesidades especiales.

Un aspecto lo compone nuestro pensamiento y otro, la actuación que usualmente van ligados en la vida cotidiana y desencadenan reacciones diversas en el ser humano. Analicemos cómo se manifiestan las personas, hacia la persona con necesidades especiales.

Esquema de escepticismo

Se caracteriza por el rechazo rotundo a la persona por sus características, negándoles la integración escolar y social, considerando a la persona incapaz de lograr los aprendizajes académicos y sociales como los demás seres llamados normales, creyendo que requieren desarrollar habilidades muy especializadas, orientadas por un súper profesional.

Bajo esta circunstancia, la reacción de la sociedad, sin descartar al profesional de la pedagogía, se interpreta como miedo de asumir aquello que se sale del campo convencional de la normalidad.

A nivel educativo esta actitud se puede analizar desde varios tópicos.

*   El desconocimiento que tiene la comunidad educativa sobre las personas con necesidades especiales, ésto porque a nivel social ha primado la normalidad para la formación en programas académicos, las alteraciones o retardos en el desarrollo se han asumido como patologías para la persona que las presenta.

*   La cultura, ha transmitido sus creencias y concepciones, haciendo diferencias entre los "normales" y los "anormales", perdurando ideas en comunidades y personas frente a la posibilidad de contagio de la enfermedad, resaltando la incapacidad y promocionando la segregación.

*   La escuela ha tenido un prototipo de alumno en edad, desarrollo, habilidades, características físicas y comportamentales, desde este referente un niño con una situación diferente, es rotulado de "Especial" y por consiguiente requiere de una "escuela especial"; con un "maestro especial" y un "currículo especial".

* La sociedad ha violentado al maestro responsabilizándolo en forma casi exclusiva durante varias décadas de la formación del ser humano y cualquier irregularidad se le atribuye a él.

La organización del sistema educativo del país, ha mantenido esquemas de educación separada, ha hecho que las personas con alguna desventaja, potencial o necesidad educativa lleguen a situaciones de minusvalía, agudizando la crisis en la convivencia social, debido a que su proceso educativo se presenta descontextualizado de su ambiente, de sus necesidades y de la falta de oportunidades.

Esquema ambivalente

Se genera una aparente aceptación hacia la persona con "necesidades especiales," soportada en sentimientos de pesar y lástima, situación que lleva a ubicar al niño en el aula regular, lo cual realiza sin ningún convencimiento, su situación de ocupar un espacio físico no se acompaña de estrategias pedagógicas que respondan a sus necesidades, la movilización y estructuración del desarrollo se le atribuye al azar, observándose en algunos casos como su proceso de aprendizaje se restringe hasta detenerse por completo.

El educador bajo esta circunstancia actúa movido por el deseo de hacer un favor a la familia del niño pero no tiene la preparación para ello, él se debate entre el sí y el no a la integración, no sabe si guiarse por su ética moral o profesional.

Esquema de optimismo empírico

Se lleva a la práctica pedagógica la integración escolar por iniciativa del docente, desconociendo cómo hacerlo, empieza a actuar sobre el niño con necesidades especiales por ensayo y error, desconoce que existe la posibilidad de apoyos para él y el niño, no sabe a dónde acudir ante una dificultad, finalmente el niño progresa y el maestro fundamenta su explicación en el activismo pedagógico (muchas acciones que no se estructuran para esquemas cognoscitivos y/o de aprendizaje), generalmente este docente se ha apoyado en la familia encontrando casi siempre respuesta positiva por parte de ella.

La posición frente a la integración es que no se requiere de estrategias pedagógicas diferentes a las utilizadas en el aula regular, y es común escucharle decir: "con amor y un poco de dedicación el niño sale adelante".

Esquema de responsabilidad social

El proceso de integración se realiza bajo dos parámetros uno, de orden científico y el otro basado en la actitud de apertura al cambio y la valoración del ser humano, en la cual el docente se interesa en su cualificación y se capacita en aspectos claves para manejar el aula *integrada*, teóricamente conoce qué son las necesidades educativas especiales, su naturaleza, evolución y posibilidades de desarrollo, está informado de la estrategia del *aula de apoyo* y del acompañamiento que brinda el *maestro de apoyo*.

Con esta actitud, su práctica pedagógica integracionista será efectiva, sin dejar de desconocer el reto que ella implica en el ejercicio docente.

Evolución de las actitudes en la práctica pedagógica integracionista

En la etapa de adaptación del niño con necesidades educativas al aula regular, es común observar en el docente actitudes de expectativa por el desarrollo del proceso, temor a fracasar y a que la responsabilidad recaiga sobre él, ésto hace que el docente del aula regular busque continuamente el apoyo de los compañeros y esté en contacto con los padres de familia para manifestarle su sentir, hecho que lleva a que las familias se sientan temerosas e inseguras frente al aprendizaje de sus hijos.

La tensión va disminuyendo, a medida que el maestro de apoyo interactúa con la comunidad educativa, entonces el maestro integrador (maestro del aula regular) se vuelca a ser muy consultivo buscando la información en personas que tengan el conocimiento.

No es extraño que aparezca la sobreprotección como manera de canalizar la ansiedad, aquí es fundamental el apoyo que se le brinde al docente, esta actitud se observa particularmente cuando el niño con necesidades educativas especiales participa en actividades grupales que requieren de movimiento, desplazamiento, lanzamiento de objetos, por el temor a que se pueda lastimar.

El acompañamiento del maestro de apoyo debe ser firme, oportuno, coherente y graduado, ésto da la posibilidad de que el maestro integrador vaya adquiriendo confianza, independencia y amplíe las fuentes de consulta a textos, seminarios y talleres de capacitación, cuando así sucede el docente está llegando a un estado ideal caracterizado por la autonomía, la confianza y la asertividad en el proceso.

Innovación en la escuela
Normalización del contexto educativo
Trascendencia en la orientación pedagógica
Estrategias adecuadas a cada necesidad del niño
Ganancia en valores
Ritmos diferentes en el desarrollo y aprendizaje
Apoyos para el proceso
Compromiso de la comunidad educativa
Invitación a la trascendencia educativa
Objetividad en el proceso
Nueva alternativa para el ser humano

Espacio para la cualificación de la práctica pedagógica
Ser integral con necesidades y potenciales
Capacitación permanente de la comunidad educativa
Organización del sistema educativo público, en una estructura unificada
Liderazgo desde el proyecto educativo institucional
Aulas de apoyo para el proceso
Reto de la escuela moderna

Jorge Iván Correa A.

Diferentes o diferencias

¿La actitud que asumo en un momento está
precedida de concepciones propias, y ajenas
y por cuánto tiempo estará presente? Sólo yo
puedo determinarlo.

En esta época no podemos seguir siendo observadores pasivos o agudizadores de las diferencias, continuar con estas actitudes significa perpetuar la discriminación.

Cuando la sociedad marca un patrón de hombre y de mujer, a nuestra mente aflora el parámetro y la medida, como si tuvieras siempre a la mano una pesa, o un metro para comparar, el problema radica en que no se reconoce la característica como diferencia sino como diferente.

Se asume la diferencia como instancia parcializada y se compara:

No es como yo "es distinto", "no es igual a mí". Y soy incapaz de reconocer algo mío en el otro y empiezo a atropellarlo, a limitarle los espacios físicos y a restringirle la expresión, estoy subvalorándolo como persona, es como trazar una línea divisoria en el ser humano donde resalto su diferencia.

La definición entorno a la integración como método, como corriente, como enfoque es una discusión de orden actitudinal, lo que sí es claro es que dependiendo de la visión que del ser humano tenga el actor social y su experiencia en un mundo cultural, influye en la concepción y actitud hacia la integración.

Desde mi experiencia, la integración es una filosofía que rodea la vida cotidiana y que dignifica al hombre, sin embargo, que su valoración se ve afectada por las circunstancias que ocurren al interior de una cultura y de una sociedad.

Los escenarios donde se desenvuelve la persona con necesidades especiales, son espacios ambivalentes, contradictorios, de desigualdades pero también de oportunidades, que para enfrentarlos implica comprender el proceso cultural y actuar acorde con su contextualización.

Si la clonación se diera en los seres humanos, desde los comienzos de la vida seríamos unos seres físicamente iguales, me pregunto ¿ocurriría lo mismo a nivel del comportamiento, habilidades y capacidades? Por naturaleza cada persona presenta características que lo identifican, tanto el ritmo de desarrollo y estilos de aprendizaje marcan la diferencia, ésto no implica restringir las oportunidades para vivir dignamente dentro de un grupo social.

Me vuelvo a interrogar ¿será que el hecho de ser humanos nos legitima para ser discriminadores? ¿Y con las personas con necesidades especiales y discapacidades duplicamos la fórmula?

La vida es un espacio, cada persona se posesiona en él y vive en forma diferente las circunstancias de su entorno, dándole sentido a su propia existencia, y así bajo esta circunstancia nunca seremos iguales.

Cuando hablo de integración como filosofía de vida, parto del hecho de que creo en el otro como un ser íntegro, tal cual es, en saberes, creencias, potencialidades y necesidades.

En épocas trascedentales de mi existencia, pasan mil pensamientos por la mente y quisiera entrar en el cerebro de cada persona, explorar lo que allí sucede y mover un botón, tuerca o partícula de ésta para lograr otra actitud y cuando vuelvo a la realidad reflexiono. "No tengo derecho a violentar la intimidad del otro", caería en esquemas convencionales, no quiero disculparme pero en momentos de impotencia no me queda más remedio que refugiarme en la fantasía.

Cuando realizo lecturas en los textos me esfuerzo por comprender el fenómeno discriminador, hago interpretaciones, pero se me cierran en un círculo vicioso y no virtuoso como quisiera, una de tantas es cuando veo y siento que se niega la posibilidad al otro por características diferentes, entonces asocio imágenes de la vida de los animales, que con su irracionalidad dan muestra de comprensión, la carencia de una pieza en el cuerpo de uno de los integrantes de la manada hace parte de ese escenario sin que se noten actitudes de rechazo, llegando en algunos casos a adoptar en su grupo a animales de otras especies.

La vida se desarrolla entre polaridades amor-odio, día-noche, feo-bonito, esbelto-obeso, etc. Igualmente la mente tiene dos instancias en una sola línea o se discrimina o se normaliza.

La discriminación no es un problema exclusivamente conceptual ni epistemológico, es una discusión de orden actitudinal enmarcada en los valores de respeto y equidad.

En la medida en que se tenga disposición para aceptar la pluralidad étnica, cultural, religiosa, económica e ideológica, la mente estará dando cabida a una concepción real sobre la diversidad, lo cual disminuye los sentimientos negativos, genera la posibilidad de un mundo libre de prejuicios y de reconocimiento a la individualidad.

El enfoque humanista hace el llamado a centralizarnos en la integridad del ser humano y a conocer que existen seres con características diferentes, siendo esta diferencia inherente a su esencia.

Para construir una teoría sobre la pedagogía de la integración, se requiere de concepciones a nivel cognitivo, funcional y emocional de las necesidades educativas especiales; la no claridad y no interrelación de estos aspectos desde la comunidad educativa, genera dispersión en la ejecución de alguna propuesta de integración y sus efectos recaen principalmente en el niño, en tanto interfiere con las posibilidades de su desarrollo.

Aspecto cognitivo

Implica una apropiación al hecho, es decir conceptualización sobre los procesos de desarrollo y aprendizaje del niño, apropiándose del saber generado por las investigaciones y experiencias significativas en integración, desde este punto de vista. Las personas que van a orientar el proceso de integración, deben aproximarse al cómo construye el ser humano el conocimiento y el qué aprende, analizando los cambios cualitativos que se dan en este proceso.

En el caso de los niños con necesidades educativas, al equipo profesional, al docente del aula regular y al maestro de apoyo les corresponde partir de los procesos para entender el ritmo en el desarrollo y el aprendizaje de aquellos que han sido víctimas de algunas enfermedades que han dejado alguna deficiencia, ésto no es motivo para plantear que las discapacidades en el niño son permanentes, la interiorización del conocimiento a este nivel genera la posibilidad de ser objetivo con el análisis del ritmo del niño, el cual sólo admite comparación consigo mismo. Muchos de estos niños y otros que no presentan indicadores de deficiencia alguna, manifiestan en el proceso escolar carencias y dificultades cuando se les exige un ritmo de aprendizaje determinado por contenidos curriculares a un tiempo fijo, estas manifestaciones se pueden observar en varios niveles:

- En lo intelectual se observa básicamente en procesos de síntesis, análisis, comparación, actitud crítica y en la recepción, integración y evocación de la información.

- En la escucha se detecta por la dificultad en interpretar los códigos hablados y sonidos del medio.

- A nivel de la visión por la dificultad en la discriminación de las cualidades físicas de los objetos y los códigos escritos.

- A nivel músculo esquelético las dificultades se observan en el desplazamiento, la postura y el equilibrio y a nivel psicológico en cuanto a la interferencia en la relación con los otros.

Lo anterior implica concebir que el aprendizaje del niño no puede determinarse por el tiempo establecido en el currículo para los grados escolares, ni considerar que el aprendizaje se analiza desde los resultados, ya que no dan la posibilidad de comprender la situación real del niño ni el tipo de apoyo que requiere.

Entonces repensar la integración escolar como un proceso de conocimiento al interior de la comunidad educativa, es identificarla en la misión, la visión y los valores plasmados en el proyecto educativo, quiero decir que la integración del niño con necesidades educativas es objeto de conocimiento y como tal debe ser tratado con altura pero con sencillez.

Aspecto funcional

Para seguir hablando de una verdadera pedagogía de la integración, la concepción cognitiva marca el punto de referencia para operacionalizar este proceso, es preciso orientar la práctica pedagógica desde un proyecto de aula que plantee alternativas para los procesos de desarrollo de los niños y a la vez defina cuales son los apoyos que se requieren para que la integración sea posible. Lo que está implícito en el concepto de necesidades educativas son las estrategias y recursos necesarios para ejecutar el proceso, entonces estamos hablando del sistema de apoyo en dos líneas, la primera encaminada a un proceso que se ha retrasado significativamente en el período del desarrollo, y la segunda orientada a la funcionalidad acorde a las potencialidades del niño.

Los nuevos enfoques en integración plantean que el diagnóstico en las áreas adaptativas de: comunicación, habilidades sociales, autocuidado, autodirección, vida en el hogar, utilización de la comunidad, salud y seguridad, dan la posibilidad de diseñar el perfil de los apoyos.

Aspecto emocional

Enséñale a tus alumnos que para vivir es necesario la autoestima, que tiene valor amar al prójimo, que la solidaridad es de corazones sencillos y que el compromiso cuenta.

El cómo poder llevar a la práctica el principio de integración constituye para el docente el paso de una situación inicial de conflicto a una situación de competencia (García Fernández, 1993).

Es claro que la integración es un proceso lento, de resolver obstáculos, de altibajos y de tolerancia, está entendida como el acto de valoración y no de compasión, de reconocimiento y no de debilidad, de credibilidad y no de menosprecio, de crecimiento y goce permanente.

Actitudes de rechazo, indiferencia, de no escuchar, nos llevan a ser discriminadores: con los niños por considerarlos inmaduros, a los ancianos por ser improductivos y cansones, a la mujer por considerarla incapaz, a los pobres en bienes materiales por no tener qué aparentar, a los de las comunas por ser de la plebe, a los indígenas porque nos avergüenza que nos recuerden nuestro origen, a los negros por diferentes, a los campesinos por ser ignorantes, a los homosexuales por ser degenerados y a las prostitutas por no tener dignidad y al niño con necesidades educativas especiales por no tener capacidad.

La lista de estas actitudes con las personas que están a nuestro lado es interminable, para el caso que nos convoca encontramos que los niños con necesidades educativas generan curiosidad, generalmente por el síndrome que presentan y por su aspecto físico, temor a que nos hagan daño y fascinación ante el asombro de los demás que los observan.

En una sociedad como la nuestra el concepto de "normalidad" es cada vez más vano, cargado de estereotipos y para una minoría, entonces la pregunta radica en ¿quién, y qué, es normal?, ¿cómo ser normal?

La nueva concepción de necesidad educativa, va acompañada de un cambio de actitud, frente al concepto tanto nominal como comprensivo, además la interacción con el niño en los entornos social y escolar, dan la posibilidad de conocerlo como la persona que representa.

Nuestra postura al integrar al niño debe ir más allá de una buena voluntad o de una simple ubicación física, en este sentido el niño estaría como un paseante por la institución.

El respeto a la diferencia se observa en la interacción mutua, generalmente posibilita elementos para la reflexión, para entender el ajuste social del niño y la retroalimentación al proceso de integración.

A nivel del niño, buscamos su ajuste y no tanto la adaptación, ésta última se ha entendido como la posibilidad del niño de acomodarse a las condiciones y exigencias de los entornos, queremos que él cambie sus esquemas, pero como adultos permanecemos incapaces de modificar los propios, el ajuste pretende el proceso contrario, en la medida que nuestros esquemas cognitivos y emocionales evolucionan, estaremos en capacidad de adecuar estrategias, actitudes, recursos a las necesidades del niño.

La búsqueda de respuestas para explicar la diferencia no es nueva, por ello no deja de ser vigente.

Lesgilación para la atención a la población con necesidades educativas en Colombia

La normatividad generalmente tiene sentido ante la comunidad cuando se concibe para favorecer la convivencia social, la tolerancia y el respeto por el otro en sus espacios, creencias, ideales y pertenencias materiales y espirituales.

Cuando las leyes surgen para dignificar al ser humano es evidente que las actitudes discriminatorias son visibles y cotidianas en el proceso de interacción entre las personas, como alternativa para favorecer actitudes de aceptación, surgen normas legales que reconocen a las personas con necesidades especiales la posibilidad de desarrollo integral y de participación en procesos y espacios sociales, culturales, educativos, recreativos y laborales.

Analizaremos cual es la intención de las diferentes leyes y políticas para la atención a la población con necesidades especiales en el país.

La Constitución Política de 1991, marca concepciones sin precedentes, como las de promulgar el respeto a la individualidad, a la diversidad y a la convivencia pacífica entre los ciudadanos, fundamentada en principios como igualdad de oportunidades, participación en los procesos sociales, protección por parte del Estado para aquellas personas con desventajas a cualquier nivel o índole, además de posesionar la educación como un derecho público.

La nueva Constitución concibe al hombre como un ser social, cultural e histórico en un contexto de nación, es decir con identidad en el espacio que lo caracteriza y en el cual él es un actor importante.

Es evidente que los postulados planteados en la Constitución traen como consecuencia que las instituciones en Colombia se deben transformar, especialmente las instituciones del sistema educativo.

Para el contexto al que se hace referencia, población con necesidades especiales o talentos excepcionales, la educación no puede seguir siendo un proceso segregado ni de exclusión del sistema imperante en el país.

La Ley General de Educación, Ley 115 de 1994, en sus Artículos 46 al 49, pretende hacer realidad los principios Constitucionales y desde su formulación convoca a conceptualizar sobre el ser humano que actualmente tiene el país, y a organizar su proceso educativo en el tipo de sociedad en la cual se desarrolla, se forma y se proyecta.

Es congruente la Ley 115 con la Constitución en los principios de democracia y tratamiento equitativo, además de enfatizar que la educación para personas con necesidades especiales o talentos excepcionales, se integra al servicio público educativo.

Para materializar la reforma educativa, el Decreto 1860 de 1994, considera que a través del proyecto educativo institucional podrá adquirir pertinencia la educación siempre y cuando se contextualice.

En la formulación de los proyectos las comunidades educativas dejaron de lado la población con necesidades especiales, más adelante se describe qué ocurre con este vacío.

El plan decenal de educación 1996-2005, en su estrategia "Promoción de la equidad en el sistema educativo" se refiere al programa de atención a poblaciones especiales, y en su argumentación el plan decenal de educación contempla dos elementos básicos; el primero es reconocer que somos un país de multietnias, compuesto por una población con variedad de características, ubicados en diferentes contextos, lo cual es necesario tener presente en la formulación de proyectos y planes, es decir que éstos respondan a la diversidad de la población, el segundo elemento lo constituye la necesidad de diseñar un plan educativo a diez años, que garantice continuidad del proceso y se visualice la educación en todos los escenarios posibles, en los diferentes campos que forman al hombre, teniendo en cuenta la diversidad de la población.

El Decreto 2082 de 1996. Sustenta la atención para personas con limitaciones o talentos excepcionales, reglamenta los artículos 46 al 49 de la Ley General de Educación, dicho decreto trae varios lineamientos.

*   La atención a personas con necesidades especiales o talentos excepcionales se ofrece en el sistema educativo Colombiano tanto a nivel privado como oficial.

*   La atención en programas de integración pedagógica, cultural, recreativa, deportiva y laboral se canaliza a través de dos estrategias organizativas: la unidad de atención integral con servicios de profesionales de diferentes disciplinas y con el aula de apoyo liderada por el maestro de apoyo.

*   Se concibe que para la atención a personas con necesidades especiales se requiere de apoyo en tres líneas: pedagógica, terapéutica y técnica.

*   Los proyectos educativos institucionales y los planes de desarrollo municipal, zonal, departamental y nacional, deben considerar la atención a la población objeto del Decreto 2082, esto implica la reformulación de estos y generar el plan gradual de acción para este propósito.

La Ley 100 de 1993, sobre el Régimen de Seguridad Social, plantea dos sistemas, Régimen Contributivo y el Régimen Subsidiado, los apoyos terapéuticos a los que se refiere el Decreto 2082, deben ser brindados por las Empresas Promotoras de Salud (E.P.S) para los beneficiarios del Régimen Contributivo. El gobierno crea una figura denominada SISBEN como Régimen Subsidiado de Salud, para población de estratos socioeconómicos uno (1), dos (2) y tres (3) que no están afiliados al sistema de salud contributivo, las personas con necesidades especiales tienen el derecho constitucional de acceder a este servicio.

Otras alternativas para acceder a servicios especializados en salud es a través de convenios de las instituciones educativas y los municipios con entidades promotoras o con servicios de salud, y con las instituciones especializadas en rehabilitación para personas con necesidades especiales.

La ley 60 de 1993, sobre la competencia de los municipios, que reglamenta los artículos 151 y 288 de la constitución política, tiene como propósitos básicos los de descentralización administrativa y la competencia para contratar servicios y recursos.

La financiación a la que se refiere el decreto 2082 para garantizar la atención a la población con necesidades especiales o talentos excepcionales, es responsabilidad de los municipios, en el aspecto de salud con servicios a este nivel, ya sea en forma directa con equipo profesional propio o a través de convenios y en el aspecto de educación con el nombramiento del maestro de apoyo, con profesionales del área de la salud para brindar atención pedagógica y en la dotación de las aulas de apoyo con materiales para la integración.

La Ley 361 de 1997, en sus artículos 5, 8, 19 y el capítulo II, sobre la accesibilidad promulga la integración social para personas discapacitadas, lo cual tiene implicaciones a nivel cultural. Esta ley da directrices claras para educación, salud, trabajo y universidades, y se articula con las antes mencionadas con respecto al tema.

Con la promulgación de las leyes que protegen a las personas con necesidades especiales se hace necesario incluir en los currículos de programas de educación superior como educación, trabajo social, psicología, terapia física, del lenguaje, y ocupacional, fisioterapia, fonoaudiología, arquitectura e ingeniería entre otras, elementos sobre prevención y rehabilitación acorde a la competencia académica de cada carrera.

La ley sobre seguridad social refuerza la necesidad del acceso a los servicios de salud en el régimen contributario o subsidiado para personas con limitaciones, especificando el grado de limitación moderada, severa o profunda, otro elemento fundamental radica en las adecuaciones arquitectónicas como: rampas, pasamanos, puertas, etc. que faciliten el desplazamiento y el acceso a las personas con limitaciones.

Las leyes y decretos aquí planteados, todas han dado respuesta a los principios de la Constitución de 1991, se espera que tanto los municipios como las instituciones de educación, salud y otras que tienen que ver con atención a población con necesidades especiales, tomen conciencia de la responsabilidad social, y sean asertivos en los ajustes administrativos, educativos y organizativos que se requieren para este fin.

El aula de apoyo
Estrategia para la integración

Hablar de aula de apoyo para la integración, significa retomar los conceptos de aula especial, no para asimilarla o aproximarla conceptualmente al aula de apoyo, sino para caracterizarla y lograr identificar sus diferencias.

Analizaremos los elementos constitutivos y las características de estas dos clases de aulas para comprender mejor la razón de ser de cada una de ellas.

Criterio de interpretación	Aula especial	Aula de apoyo
Concepto	Espacio físico para atender un grupo específico de niños de acuerdo con sus deficiencias.	Conjunto de servicios, estrategias, recursos y demás apoyos reque-ridos para canalizar las necesidades educativas de los niños integrados.
Ubicación en el sistema educativo	Es un Sistema de educación aparte y paralelo al denominado normal.	Hace parte del sistema público educativo: pri-vado y oficial.
Currículo	Graduación por etapas del currículo normal y organizado para los niveles A, B y C.	Concibe el currículo contextualizado, el cual contempla las adaptaciones curriculares.
Concepto de persona	Persona con deficiencia que lo hace diferente a los demás, esto lo caracteriza como ser y lo rotula.	Persona que en su proceso de desarrollo y aprendizaje presenta necesidades educativas, intereses y potencialidades.
Concepto de educación	La educación es especial, para niños especiales, en escuelas especiales y con métodos especiales.	Educación normalizada que dispone de apoyos para el niño cuando los requiera.
Filosofía	El niño requiere atención por el tipo	El niño con necesidades especiales puede

	de deficiencia que presenta.	recibir atención y educación normalizada.
Metodología	Se concibe que los métodos son especiales y diferentes a los utilizados en la educación regular.	No se concibe la diferencia de método para el aprendizaje, sino de adaptaciones curriculares y de apoyos específicos.
Planeación del aprendizaje	Se planea por proyecto pedagógico común para el grupo.	Se planea por proyecto pedagógico para trabajo en grupo y proyecto personalizado o perfil de apoyo individual.
Recursos	Se incorporan al trabajo del aula con visión hacia el desarrollo de des-trezas manuales.	Se consideran funda-mentales, para el desarrollo integral plan-teados como terapéu-ticos, técnicos y pedagógicos.
Principio	Fundamentada en principios de normalización, sectorización, socialización e individualización.	Los principios son los de flexibilidad, integralidad, diversidad, presencialidad, formación, identidad y competencia.
Formación del docente	La mayoría formados en la experiencia empírica, una minoría con formación conceptual en el área.	Docentes con formación pedagógica, conceptualización sobre las necesidades educativas especiales y procesos de aprendizaje.

Habilidad del docente	Administrador de un aula de clase y de un grupo.	Líder y gestor de un proceso educativo innovador.
Función del docente	Atender niños especiales a nivel grupal.	Asesorar y capacitar a la comunidad educativa para la integración.
Proyección del docente	Docente de aula.	Docente investigador.

El aula de apoyo se concibe como el conjunto de servicios, estrategias, recursos didácticos, logísticos y técnicos, para canalizar las necesidades de la diversidad de la población, la orientación a las necesidades de apoyo debe trascender el nivel de programas atencionales en la remediación, a la prevención de los factores que las ocasionan y a potenciar las habilidades que presenta el niño con necesidades educativas, en la educación formal y no formal e informal.

Falsas definiciones de un aula de apoyo

Referida como espacio físico, desde esta perspectiva el esfuerzo se centra en procesos de dotación y decoración.

Definirla como un consultorio, significa transferir un concepto de salud a educación, la connotación radica en el estigma que el concepto implica, al consultorio llegan las personas que están enfermas y el maestro de apoyo se reviste de terapeuta, función que no le corresponde.

Estructurarla para la nivelación, es permitir que el aula de apoyo se convierta en el escape para que el docente del aula regular, en forma permanente esté enviando niños y niñas al maestro de apoyo y su función bajo esta estructura sería de nivelador.

Para evitar múltiples interpretaciones, es de vital importancia darle al aula de apoyo su papel que le corresponda y enmarcada en intenciones filosóficas, conceptuales, organizativas y metodológicas.

Componentes del aula de apoyo

Componente legal

Revisando la Ley general de educación de 1994, en el Artículo 48 se refiere a las aulas especializadas y el Decreto 2082 sustenta que es el aula de apoyo una de las dos estrategias para gestionar la integración escolar en las instituciones educativas.

Finalmente adquiere su legalidad una vez se genere el aula de apoyo desde la formulación del proyecto educativo, puede estar sectorizada en una institución, a nivel de núcleo con proyección interinstitucional o desde la unidad de atención integral cuando su carácter es municipal, bajo cualquier estructura debe quedar inscrita en el plan de desarrollo municipal.

Componente administrativo

El aula de apoyo es eminentemente pedagógica, está liderada por un maestro de apoyo, y es coherente en su estructuración y acciones con la filosofía plasmada en el proyecto educativo institucional o de la unidad de atención integral.

Inscrita el aula de apoyo en el proyecto educativo institucional, se podrá desde ella proporcionar en forma directa los apoyos pedagógicos, referidos a las adaptaciones curriculares en el aula integrada, a medios de lenguaje comunicativos apropiados a las necesidades de la población con necesidades especiales y los materiales para el aprendizaje; además de tener presente los apoyos técnicos, estos generalmente son materiales didácticos o técnicos que se requieren específicamente para el aprendizaje del niño con necesidades educativas, el cual por sus características los requiere. Ej.: la pizarra braille para la escritura de la persona ciega, el audífono para la persona con hipoacusia, etc.

Los apoyos a nivel terapéutico se canalizan a través de la unidad de atención integral con los profesionales pertenencientes a ésta o a través de convenios con instituciones prestadoras de servicios de salud.

Previamente el aula de apoyo determina cuales niños tienen derecho a los programas de las empresas promotoras de salud (EPS) o si están afiliadas al régimen subsidiado (SISBEN).

Se ha establecido un parámetro desde la Secretaría de Educación que el maestro de apoyo se responsabilice de 25 niños integrados, este no es un criterio definitivo, su modificación depende de las características de la población de la ubicación geográfica, de la jornada de atención, de las líneas de acción definidas para el aula de apoyo y de la intensidad requerida para los apoyos.

Componente organizativo

El aula de apoyo es una estrategia para canalizar y operar con apoyos, y para ser efectiva en su función, debe manejar las siguientes líneas de acción:

De atención

Los niños con necesidades educativas en su proceso pedagógico pueden requerir la acción directa del maestro de apoyo en el aula integrada o individualizada en el aula de apoyo o de otro profesional del área de la salud para un aspecto específico del desarrollo del niño, estas acciones corresponden a lo planteado en el proyecto personalizado o perfil de apoyo.

De asesoría

Acción de acompañar, retroalimentar y fortalecer el proceso de integración con la comunidad educativa: padres de familia, maestros y directivos, mediante interacción directa, análisis de casos y talleres de formación.

De promoción

Significa generar espacios y estrategias para la concientización de la comunidad en general del proceso de integración, analizar sus alcances a nivel de la pedagogía, la cultura, la recreación, y el deporte, entre otros. Es decir lo que compone la ocupación del ser humano, a la vez emprender campañas preventivas en torno a las necesidades educativas especiales; en esta acción los medios de comunicación y los espacios para la divulgación masiva como murales, carteleras, y el apoyo de medios como afiches, plegables, audios y sonovisos, juegan un papel fundamental en la comunidad.

De adaptaciones curriculares

Se determina a partir de la población con necesidades especiales integrada en la institución, cuáles aspectos de la metodología, del lenguaje y de los materiales se requiere adaptar para lograr el aprendizaje del niño, sin que su modificación altere el proceso de los otros niños del aula integrada, este trabajo lo realizan conjuntamente maestro integrador y maestro de apoyo.

La tendencia es la de organizar un currículo flexible, con la incorporación de los apoyos requeridos, bajo esta concepción no son necesarias las adaptaciones, se corre el riesgo que incluyéndolas se especialice y simplifique el currículo y esta no es la finalidad de la educación al brindar la atención educativa a los niños con necesidades educativas.

De prevención

Sustentada en estudios de la incidencia de las necesidades educativas y sus factores causales, se debe diseñar programas preventivos para desarrollar con la comunidad en general en coordinación con el sector salud y con el apoyo de los medios de comunicación.

De capacitación

El maestro de apoyo como líder del proceso, debe generar la capacitación a la comunidad educativa sobre integración escolar, en el área de dominio específico y gestionar con los directores de la institución y el núcleo educativo aquellas que se requieran para facilitar el proceso.

De investigación

Las líneas de acción antes mencionadas se convierten en alternativas para la investigación, el proceso de seguimiento y sistematización dará la posibilidad de generar temas que ameritan su aclaración, los proyectos que se impulsen a nivel de la investigación deben lograr su impacto en el mejoramiento de la calidad y la innovación educativa, una primera propuesta y que le da la razón de existencia al aula de apoyo, radica en el estudio de prevalencia sobre población con necesidades especiales en la institución, municipio o región.

Otra alternativa es la sistematización del proyecto de aula de apoyo, escribiendo la experiencia, se pueden abordar temas como las actitudes de la comunidad educativa, el proceso de gestión del equipo responsable y los proyectos personalizados.

Criterios para elaborar estructura del aula de apoyo

Diagnóstico

Determinar la prevalencia de la población con necesidades educativas especiales a partir de un estudio, determinando su área de influencia, tipo de necesidad educativa, estrato socioeconómico, ubicación geográfica, rangos de edad (3.1 años-6.0 años, 6.1 años-15 años).

Reconocer los antecedentes de atención para personas con necesidades educativas especiales en la institución, zona o municipio, significa identificar la experiencia a este nivel.

Analizar las actitudes de la comunidad para este proceso y determinar qué elementos se deben abordar en la sensibilización y capacitación de la comunidad educativa.

Impacto esperado

Se concibe proyectar los aspectos posibles de modificar o implementar con la estructura del aula de apoyo en la institución, zona o municipio.

Marco legal

La estructura del aula de apoyo, articulado a la educación formal y no formal, se sustenta desde el proyecto educativo institucional, inscrita en el núcleo educativo, en la unidad de atención integral y en el plan de desarrollo municipal y departamental, en el sector educativo.

Filosofía

Su propuesta filosófica es coherente con la misión, la visión, los valores y el currículo plasmado en el proyecto educativo institucional.

Marco conceptual

Proponer el paradigma, corriente o modelo que sustenta el aula de apoyo conceptualmente y la concepción sobre necesidad educativa especial.

Objetivos

Se refiere a los propósitos de la institución con sus respectivos indicadores de logro, y que sean coherentes con la población objeto de la integración educativa.

Población beneficiaria

Discriminar qué tipo de necesidades educativas y a qué población de la comunidad educativa se va a orientar el proyecto.

Líneas de acción

Es necesario establecer qué aspectos se van a orientar en la atención de niños y niñas en las áreas de asesoría, promoción y sensibilización, capacitación e investigación educativa, especificando qué temas se van a desarrollar, toda institución debe incluir la sistematización de la experiencia de la integración.

Proyectos personalizados

Inclusión de los proyectos personalizados para cada niño, bajo los parámetros dados en la teoría de los apoyos pedagógicos, terapéuticos y técnicos.

Sistema administrativo

Radio de acción del aula de apoyo, análisis de convenios, instituciones y términos de éstos.

Funciones de la comunidad educativa frente a la integración educativa.

Sistema de seguimiento técnico y administrativo al aula de apoyo, concertado con el Consejo Académico y Consejo Directivo

Recursos

Sustentar la necesidad de los recursos humanos, logísticos, didácticos y tecnológicos para emprender las líneas de acción.

Plan gradual de atención

Establecer cronograma para líneas de acción, articulado al plan gradual departamental y al plan de desarrollo del municipio.

La unidad de atención integral

Estrategia para la atención a la población con necesidades especiales

La estrategia unidad de atención integral, se identifica como una estructura pedagógica en programas para la atención, promoción, asesoría, capacitación e investigación, orientada en forma interdisciplinaria, cubriendo con servicios profesionales las instituciones de educación pública, formal y no formal. Además de proporcionar los apoyos terapéuticos, pedagógicos y técnicos requeridos para el desarrollo de las potencialidades, necesidades e intereses de la población con necesidades especiales en modalidades de integración pedagógica o social.

Desde esta concepción, la unidad de atención integral se proyecta a nivel municipal y puede organizarse por núcleos o zonas para cubrir la demanda de los programas de su población objeto, sus familias y la comunidad en general.

Se sustenta la existencia de la unidad de atención integral, por la demanda de servicios y cobertura de estos, bajo los siguientes criterios:

* La cantidad de población estudiantil en el municipio, en todos los niveles educativos.

* La cobertura de población estudiantil tanto en zona urbana como rural del municipio.

* La demanda de servicios a nivel educativo y de rehabilitación integral.

* La demanda de servicios profesionales en salud para población con necesidades especiales integrada al aula regular.

* La demanda de servicios en salud provenientes de la población que no está afiliada a una Entidad Promotora de Salud.

El recurso humano y el número de profesionales de diferentes disciplinas depende de las necesidades de apoyo de la población en programas de integración, quiere decir que cada unidad de atención integral (UAI) varía por tipo de profesional y número de éstos, sin que se altere la esencia de sus funciones.

A nivel administrativo dependerá técnica y administrativa de la Secretaría de Educación del Municipio y en forma inmediata del director del núcleo o de quien haga sus veces (criterios plan gradual para la atención educativa con limitaciones o capacidades excepcionales, 1997), las UAI tendrán su carácter de estatales con cobertura al sector público (oficial y privado), en este sentido las instituciones de educación privada, pueden establecer convenio de sus servicios con los núcleos educativos para tener la garantía de éstos en su institución.

El carácter de ser una estructura pedagógica quiere decir esto que la UAI se compone de profesionales de diversas disciplinas, que para ingresar a ella se debe tener formación pedagógica y para ello debe regirse por lo establecido en el Decreto 2277 de 1979 y la Ley 115 de 1994 Artículo 118.

Los municipios convocan a concurso a docentes y profesionales para este fin y crea la UAI por decreto municipal acogiéndose a la Ley 60 de 1993.

Otra alternativa, reubicar talento humano con formación en el área requerida y con experiencia en la atención educativa de la población objeto de atención de la UAI, sería el caso de un psicólogo que actualmente se desempeña en Aula Especial o en programas de capacitación en áreas de Educación Especial.

Estructura de una unidad de atención integral

Componente legal

Previo a la creación de la unidad de atención integral, el sector salud en coordinación con el sector educativo del municipio, debe realizar el estudio de prevalencia sobre la población con necesidades especiales.

* Número de personas por cada tipo de necesidad especial (sordos, ciegos, retardo, autismo, parálisis cerebral, limitaciones físicas, multi-impedidos, otros).

* Clarificación de cada tipo de necesidad especial por edad en rangos de: 0-6.0 años, 6.01-11.00 años, 11.01-15.00 años, 15.01-25.0 años y mayores de 25 años.

* Ubicación de la población con necesidades especiales en estratos socioeconómicos.

* Ubicación geográfica de la población con necesidades especiales, zona urbana y rural.

* Afiliación de la población a programas de salud, determinar cual empresa Promotora de Salud cubre el servicio.

Se crea la unidad de atención integral, cuando la población que demanda los servicios es superior a 50 personas, se da por decreto, unida al componente de educación y articulada al plan de desarrollo del municipio.

Componente administrativo

La unidad de atención integral depende del área de educación y presta a las instituciones educativas los apoyos que de ésta se requieran, debe estar orientada por un coordinador con conocimiento general sobre educación y específico sobre educación especial, con capacidad de gestión, visión prospectiva de los procesos que orienta, debe coordinar a los profesionales de salud y educación que orientan los diferentes programas de la unidad y mantener un canal de comunicación permanente para la articulación de los apoyos, en educación se refiere al maestro de apoyo.

La unidad de atención integral sigue las normas establecidas para afiliar a la modalidad del SISBEN a las personas que lo necesitan.

Igualmente establece el número de profesionales que requiere y los convenios y modalidades de éstos que puede hacer con Entidades Prestadoras de Servicio de Salud o de rehabilitación.

Funciones del personal de la unidad de atención integral

Coordinador

*   Diseñar acciones de promoción, capacitación y asesoría con el equipo interdisciplinario, maestros de apoyo e integradores.

*   Coordinar con entidades de salud el servicio de apoyo terapéutico para los beneficiarios de éstas.

*   Liderar proyectos de investigación en las líneas de calidad e innovación educativa.

Equipo interdisciplinario

*   Asesorar a los agentes educativos frente al diseño, ejecución y sistematización de los proyectos educativos, pedagógicos y personalizados para la población con necesidades especiales en procesos de integración académica social y/o cultural.

*   Brindar la capacitación que sea competencia del equipo y requerida por la comunidad educativa.

*   Coordinar con maestros de apoyo e integradores los apoyos terapéuticos para la población con necesidades especiales que lo requieran.

*   Promover conjuntamente con los agentes educativos programas de investigación con líneas de innovación y medios técnicos que fortalezcan los procesos educativos.

Maestro de apoyo

*   Diseñar conjuntamente con el maestro integrador los proyectos personalizados para la población con necesidades especiales, definiendo claramente los apoyos requeridos.

*   Facilitar el desempeño académico y social de los niños mediante el uso de estrategias pedagógicas especializadas y apropiación de recursos y estrategias acorde con las necesidades del niño.

*   Asesorar a la comunidad educativa frente al proceso de integración de la población con necesidades especiales.

*   Liderar proyectos de integración escolar para la población con necesidades especiales haciendo uso de la investigación aplicada al aula apoyándose en el enfoque hermenéutico y en las técnicas de estudio de caso.

Maestro integrador

Orientar el proceso de aprendizaje de los niños correspondientes al aula de clase que lidera, realizando las adecuaciones curriculares necesarias, acorde con las necesidades potenciales y ritmos de aprendizaje.

Personal administrativo

Generar los espacios para:

*	Consolidar los procesos de atención a la población con necesidades especiales.

*	Coordinar las acciones de capacitación con la comunidad educativa.

*	Orientar procesos de reflexión y sistematización en integración.

*	Divulgar los avances de programas e investigaciones relacionadas con el proceso de integración.

Componente organizativo

La unidad de atención integral cuenta con varios programas y dentro de éstos con algunos servicios:

*	*Programa de atención:* le corresponde desarrollar acciones de prevención, y secundaria con la población que presenta necesidades especiales, sus familias y la comunidad educativa.

*	*Programa de promoción:* es la acción educativa con la comunidad, para la prevención primaria, es decir informarlos y educarlos sobre los factores que originan las necesidades especiales e implementar estrategias para la convivencia social y la tolerancia con las personas que presentan necesidades especiales.

*   *Programa de asesoría:* se dirige a los padres de familia y docentes que orientan los procesos de desarrollo y aprendizaje de las personas con necesidades especiales, además de acompañar al maestro de apoyo para facilitarle la acción integradora sobre aquellos aspectos que va presentando la persona y que se pueden convertir en obstáculo para la adaptación escolar, social y familiar.

*   *Programa de capacitación:* son acciones que se requieren para que padres, maestros y comunidad en general, comprendan la naturaleza de las necesidades educativas y las estrategias para posibilitar el desarrollo de la población con necesidades especiales en diferentes contextos, en aquellas áreas de dominio del equipo interdisciplinario o a través de recursos profesionales externos a la unidad.

    Este programa debe ser diseñado y ejecutado en coordinación con el sector educativo y de trabajo.

*   *Programa de investigación:* las líneas de investigación se enmarcan en lo social y educativo, sistematizando el proceso técnico y organizativo que realiza la unidad; algunos proyectos consisten en actualizar la prevalencia e incidencia de las necesidades educativas, sus causales, efectos de programas preventivos, proceso de interacción y tolerancia a la diversidad de la población en la comunidad en general.

Criterios para elaborar el proyecto de la unidad de atención integral

Diagnóstico de prevalencia

Este estudio debe ser establecido por los municipios para identificar cuál es la prevalencia de población con limitaciones o con capacidades excepcionales, se establece por tipo de deficiencia, estrato socioeconómico, ubicación geográfica, rangos de edad 0-6.0 años, 6.01 años-11.00 años, 11.01 años-15.00 años, 15.01 años-25.00 años y más de 25 años.

Presentar los antecedentes de atención a población con necesidades educativas en el municipio, zona o núcleo.

Determinar la afiliación a servicios de salud de la población diagnosticada, así como la ubicación de estos servicios en la comunidad.

Analizar las actitudes de la comunidad frente a la integración social y educativa.

Impacto esperado

¿Qué innovaciones o aportes presenta la unidad de atención integral a la orientación educativa de su población objeto?

Marco legal

La unidad de atención integral se sustenta desde la necesidad de acompañar a las instituciones que inician su proceso de integración adscritas a un núcleo educativo específico, se articula al plan de desarrollo del municipio y del departamento, las UAI aparecerán registradas en el sector educativo.

Marco conceptual

Presentar el modelo de atención y el enfoque de orientación el trabajo interdisciplinario, así con la identificación del enfoque investigativo a seguir, se sugiere trabajar con un modelo transdisciplinario y los enfoques investigativos generados del paradigma interpretativo, es el caso de la hermenéutica y retomar el paradigma del pensamiento complejo para una mayor comprensión.

Objetivos

Plantear los propósitos de la unidad de atención integral coherente con la demanda del servicio e incluir sus respectivos indicadores de evaluación.

Líneas de acción

Promoción a nivel de sensibilización y prevención sobre las necesidades educativas y divulgación científica.

Asesoría a las instituciones frente a la estructuración de las aulas de apoyo, los proyectos educativos institucionales y el acompañamiento a las comunidades educativas de acuerdo a la demanda.

Capacitación a la comunidad educativa en áreas que se demanden y son de dominio de sus integrantes, y presentan otras necesidades de capacitación a los núcleos educativos.

Sistematización conjuntamente con la comunidad educativa el proceso de integración educativa, adelantar investigación en aquellos aspectos que surgen en ésta y que ameritan ser comprendidos y mantener actualizado el banco de datos.

Coordinación intrasectorial e intersectorial para apoyos terapéuticos, tecnológicos, servicios especializados y capacitación requerida.

Filosofía

Debe ser coherente con la misión y la visión del plan de desarrollo municipal y con la filosofía de los proyectos educativos institucionales integradores.

Población beneficiaria

Determinar la meta por línea de acción.

Sistema administrativo

La UAI tendrá un coordinador, el cual puede ser uno de los integrantes del equipo si la demanda de servicio así lo posibilita.

Establecer con las instituciones educativas sus funciones en las diferentes líneas de acción.

Plantear el proceso de coordinación para las líneas de acción y los procedimientos intrasectorial e intersectorial.

Operacionalizar el sistema de apoyo a las aulas e instituciones de influencia, dar a conocer los convenios y el procedimiento para el apoyo terapéutico.

Recursos

Serán sustentados desde la demanda de los servicios proyectados en las líneas de acción.

Plan gradual de atención

Establecer metas para instituciones, núcleo y municipio para dar cubrimiento a la demanda de atención y articularse con el plan gradual departamental.

Perfil de apoyo para el niño con necesidades educativas

Para materializar y construir una pedagogía de la integración desde la práctica educativa, se requiere de algunas estrategias para el proceso, significa esto que el niño con necesidades educativas puede o no requerir de apoyos específicos y personalizados que posibiliten potenciar su desarrollo y aprendizaje.

Se entiende el perfil de apoyo, como el conjunto de acciones pedagógicas, terapéuticas y técnicas que es necesario diseñar, ejecutar, evaluar y retroalimentar y que se incluyen bajo la estructura de un programa o proyecto personalizado, es decir que su planteamiento sea coherente con las necesidades de los niños integrados, buscando efectividad en el proceso de normalización.

A nivel filosófico se sustenta en los principios del Decreto 2082 de 1996 sobre la atención a personas con limitaciones o talentos excepcionales, para el perfil de apoyo se retoman los siguientes:

Principio de desarrollo humano

Por el cual se reconoce que las personas con necesidades especiales poseen capacidades, intereses, valores y potencialidades que para ser desarrollados se requiere de consolidar condiciones pedagógicas y ambientales.

Principio de oportunidad y equilibrio

La incorporación de las personas con necesidades especiales en el servicio público educativo del país, requiere que éste se reestructure en sus componentes administrativo y organizativo y adquiera identidad pedagógica que supere las desigualdades y asegure el acceso, la participación y la permanencia en el sistema educativo a las personas con necesidades educativas y como lo plantea el proyecto de nación, la educación es la búsqueda de la equidad y la justicia social.

Principio de soporte específico

Para garantizar el desarrollo de capacidades, intereses y valores, y la permanencia de la población integrada, los niños con necesidades educativas especiales pueden recibir atención individual y calificada, con los apoyos que correspondan a la naturaleza y evolución de la deficiencia en el proceso educativo normalizado.

Definición de apoyo

Es la acción de acompañar el proceso de integración en un contexto educativo normalizado, la acción puede tener características de: estrategia metodológica, evaluativa, cualitativa de comunicación, de interacción, didáctica, de uso de apoyo técnico, estrategia de asesoría y de formación, que es necesario incluir en la práctica integradora.

El perfil de apoyo se diseña al inicio, es decir desde el momento que se incorpora el niño con necesidades educativas especiales al aula integrada.

En el seguimiento al proceso se evalúa y retroalimenta el perfil en los aspectos que se requieran.

Procedimiento para establecer el perfil de apoyo

* *Conocer la naturaleza de la deficiencia del niño:* antecedentes, posibles causas y orígenes, evolución, manifestaciones e identificación de las necesidades educativas en su proceso formativo, esta información posibilita conocer intereses, necesidades y potenciales del niño.

* *Analizar el nivel de desarrollo de las áreas en el niño:* puntualizando en las necesidades e intereses, y cuáles áreas ofrecen capacidades en el niño que se puedan potencializar, en estas áreas radica el nuevo paradigma del retardo.

Las áreas a explorar son:

- Comunicación
- Autocuidado
- Vida en el hogar
- Habilidades sociales
- Convivencia en la comunidad
- Autodirección
- Habilidades académicas
- Salud y seguridad
- Tiempo libre y trabajo
- Otras que considere oportuno conocer

* Establecer qué tipo de apoyo, se asigna al área que lo requiera.

Clases de apoyo

Apoyo terapéutico

Acción calificada orientada a favorecer el desempeño escolar, el desarrollo personal y el ajuste social. Implica un procedimiento terapéutico, individual o de grupo, acompañado de acciones formativas como asesorías y talleres. El apoyo lo brindan profesionales en psicología, neurología, fonoaudiología, terapia física y trabajo social.

Apoyo pedagógico

Acciones calificadas en el aprendizaje académico, a nivel de estrategias metodológicas, evaluativas, o de recursos didácticos, orientadas por el maestro de apoyo en forma directa, o por los agentes educadores (maestro del aula integrada o la familia) o por apoyos especializados de maestros especializados en sordos, retardo, parálisis cerebral, ciegos, autismo, etc., que traten los aspectos que no son de dominio del maestro de apoyo.

Apoyo técnico

Estrategia calificada y que se ha diseñado para facilitar el aprendizaje y desempeño social del niño con necesidades educativas y que requieren de una orientación específica para lograr el conocimiento, manejo y dominio específico, Ej: la pizarra braille para ciegos, féculas para dificultades motoras.

*   Formular los apoyos en el contexto que sea necesario incluirlas.

Los contextos generales

Familiar

Cuando la dificultad de desempeño del niño se da en el ambiente familiar, o se requiere del proceso de acompañamiento en el hogar.

Escolar

Se presenta el apoyo en varios espacios de la institución según la circunstancia: aula integrada, aula de apoyo, biblioteca, comedores, o áreas recreativas.

Social

Son los espacios de la comunidad inmediata, local, urbano, zonal o municipal, con su puesta en marcha se logra el acceso, el desempeño, la convivencia y el ajuste social del niño, ejemplo el uso del servicio de transporte público.

* *Definir la intensidad de los apoyos:* La aplicación de los apoyos en tiempo, frecuencia e intensidad está determinada por los componentes de la necesidad educativa del niño.

La intensidad de los apoyos

Intermitente

Su presencia es esporádica, se requiere en un momento crucial para un proceso de desarrollo o de aprendizaje del niño, se caracteriza por su duración corta, la intensidad alta o baja, da respuesta a una situación específica y requiere generalmente de un profesional, se aplica en un contexto específico y su tiempo de aplicación es inferior a seis meses, semanal, quincenal o mensual.

Limitada

Se requiere por bajo desempeño del niño en un área del aprendizaje, en un contexto específico, se brinda en un tiempo corto y continuo, usualmente requiere de un profesional y su tiempo de aplicación es inferior a seis meses una vez por semana.

Extensiva

Se requiere por la persistencia de la dificultad del niño en dos o tres áreas del desarrollo y en uno de los contextos, se necesita de tiempo y estrategias en término de adaptaciones para superarse, y se asignan varios profesionales y su tiempo de aplicación es inferior a un año, de dos a tres veces por semana.

Generalizada

Se requiere de apoyos en más de tres áreas del desarrollo en la mayoría de los contextos, involucra varios profesionales, enfatizar en dejar las potencialidades.

Definir la modalidad de los apoyos

Se puede suministrar apoyos en dos modalidades, individual o grupal, ambos posibilitan cualquier espacio, aula regular, de apoyo, hogar, etc.

Asignar responsables de los apoyos

Definidas las áreas a apoyar, el tipo de apoyo, el contexto de aplicación, la intensidad y la modalidad, se asignan los profesionales responsables.

Determinar la periodicidad de los apoyos

Consiste en establecer el cronograma de ejecución del perfil de apoyo.

Definir la estrategia de seguimiento

Se sugiere el uso de la técnica del diario de campo, explicando la evolución de la aplicación del perfil de apoyo, consignando los interrogantes que surgen y la explicación de éstos.

Resultados del proceso

A partir de los datos que se consignan en el diario de campo, se elaboran categorías conceptuales, éstas explican el estado inicial, evolución y estado actual, la argumentación debe ser con solidez conceptual y con elementos que se extraen de la práctica integracionista, de las cuales se pueda seguir construyendo teoría alrededor del tema.

A continuación se incluyen las guías para diseñar los proyectos personalizados, su estructura corresponde a las dimensiones del actual paradigma de retardo.

En la primera fase se procede a establecer el diagnóstico, la causa, evolución y pronóstico de la deficiencia en el niño.

En la segunda fase se describen las necesidades potenciales y intereses en cada una de las dimensiones y áreas así:

Dimensión 1: funcionamiento intelectual y habilidades adaptativas

Área comunicación

Potenciales ____

Necesidades ____

Intereses ____

Área cuidado personal

Potenciales ____

Necesidades ____

Intereses ____

Área vida en el hogar

Potenciales _________________________________

Necesidades _________________________________

Intereses _________________________________

Área habilidades sociales

Potenciales _________________________________

Necesidades _________________________________

Intereses _________________________________

Área utilización de la comunidad

Potenciales _________________________________

Necesidades _________________________________

Intereses _________________________________

Área autorregulación

Potenciales _________________________________

Necesidades ____

Intereses ____

Área salud y seguridad

Potenciales ____

Necesidades ____

Intereses ____

Área habilidades académicas funcionales

Potenciales ____

Necesidades ____

Intereses ____

Área de ocio

Potenciales ____

Necesidades ____

Intereses ____

Área de trabajo

Potenciales ____

____

Necesidades ____

____

Intereses ____

____

Estilo de aprendizaje

Tipo de estilo ____

____

Estrategias en el estilo ____

____

Forma de procesar la información ____

____

Dimensión 2: consideraciones psicológicas/ emocionales

Potenciales ____

____

Necesidades ____

____

Intereses ____

____

Dimensión 3: consideraciones físicas de salud/ causas

Diagnósticos relacionados con el área de la salud ____________

____

Factores que intervienen ____________________

____

Evolución de las condiciones de salud ________________

____

Medidas preventivas ___________________________

____

Dimensión 4: consideraciones ambientales

Área condiciones de vida familiar y social

Potenciales _______________________________

____

Necesidades _______________________________

____

Intereses _______________________________

____

Área educación no formal e informal

Potenciales _______________________________

____

Necesidades _______________________________

____

Intereses ____

____

Entorno óptimo para lograr la independencia social y familiar

____

Área educación no formal

Potenciales ____

____

Necesidades ____

____

Intereses ____

____

Entorno óptimo para lograr la independencia social y familiar

____

El perfil de apoyo es para cada niño integrado y se debe revisar y retroalimentar periódicamente, es responsabilidad del maestro de apoyo, liderar su diseño, coordinar la ejecución con los otros profesionales que se requiera.

Proyecto personalizado - Perfil e intensidad de los apoyos

Niño:

Aula de apoyo:

Dimensión I: Funcionamiento intelectual y habilidades adaptativas

Área	Función de apoyo	Tipo de apoyo	Actividades	Nivel de intensidad	Contexto	Responsable	Evolución	Plan de mejoramiento
Comunicación								
Cuidado personal								
Habilidades sociales								
Vida en el hogar								
Utilización de la comunidad								
Autorregulación								
Salud y seguridad								

Proyecto personalizado - Perfil e intensidad de los apoyos

Niño:____

Aula de apoyo:____

Dimensión I: Funcionamiento intelectual y habilidades adaptativas								
Área	Función de apoyo	Tipo de apoyo	Actividades	Nivel de intensidad	Contexto	Responsable	Evolución	Plan de mejoramiento
Habilidades académicas funcionales								
Ocio								
Trabajo								

Dimensión II: Consideración psicológica / emocional

Área	Función de apoyo	Tipo de apoyo	Actividades	Nivel de intensidad	Contexto	Responsable	Evolución	Plan de mejoramiento

Dimensión III: Consideraciones físicas / de salud

Área	Función de apoyo	Tipo de apoyo	Actividades	Nivel de intensidad	Contexto	Responsable	Evolución	Plan de mejoramiento

Dimensión IV: Consideraciones ambientales

Área	Función de apoyo	Tipo de apoyo	Actividades	Nivel de intensidad	Contexto	Responsable	Evolución	Plan de mejoramiento

La institución educativa de hoy y su carácter abierto y participativo

La institución educativa de hoy, debe concebirse desde su estructura y funcionamiento, más allá de una instancia que permite la perpetuación de normas y leyes.

Debe tener claramente definida su misión, visión, valores y objetivos, desde los cuales se evidencie la concepción de ser humano que inspira su quehacer. Todo esto contextualizado en entornos políticos, sociales, culturales y espirituales.

La Ley 115 y posterior a ella, el Decreto 1860, así como el Salto Educativo y el Plan Decenal de Educación, promueven la necesidad organizativa de la Institución en torno a un proyecto educativo institucional, el cual debe ser construido desde la participación de la comunidad educativa y su estructuración debe diseñarse en un proceso gradual, con tendencias a la dinamización y a la retroalimentación permanente.

El reto de la institución educativa con carácter abierto y participativo en torno al Proyecto Educativo Institucional se concreta en aspectos como:

*   La Institución se constituye en un sistema de referencia para el desarrollo del aprendizaje de cualquier niño, sean cuales fueren sus características evolutivas y sus necesidades y potencialidades de aprendizaje.

*   La institución es abierta a la pluralidad, debe caracterizarse por orientar en la igualdad, la diversidad de su población y constituirse en promotora de la justicia social.

*   La institución es abierta al entorno, se integra en los espacios de la comunidad, y reconoce otros espacios facilitadores para el desarrollo educativo y cultural.

La institución es ante todo democrática desde la administración hasta la evaluación, su carácter de democrático está dado por su respuesta con propuestas pedagógicas a las necesidades e intereses de los niños, en este sentido es una instancia facilitadora para la integración y necesita ser positivamente crítica, con iniciativa para la búsqueda de prácticas educativas adecuadas a la realidad, que reconozca en la diferencia la posibilidad de proyectarse a nivel social, partiendo del hecho de que la mayoría de los niños presentan en algún momento de su desarrollo y/o aprendizaje necesidades de atención, que requieren algún tipo de apoyo pedagógico. Bajo esta perspectiva, la institución debe tener como finalidades: la prevención y la compensación antes que la remediación.

Con lo anterior se plantea que en el Proyecto Educativo Institucional debe contemplarse:

*   La población en su totalidad, atendiendo a la diversidad que requiere el servicio en la institución.

*   La contextualización, que en el diseño curricular corresponda a las características de un escenario específico.

* La integralidad, que en la acción debe responder a una visión integral del ser humano, desde sus necesidades intereses y potencialidades.

* La flexibilidad, que genere variedad de estrategias pedagógicas y adecuaciones organizativas y curriculares para la diversidad de la población.

* La competencia, que el proceso de aprendizaje del niño sea orientado con relación a su propio ritmo de aprendizaje, para aquellos que presentan necesidades educativas y requieren apoyos, se les debe diseñar su proyecto personalizado o perfil de apoyo para la integración.

La institución debe transformarse a nivel de:

* Adaptaciones físicas: deben ser funcionales, que posibiliten el desplazamiento y las comodidades para la población con dificultades en la locomoción.

* El horario no debe ser rígido, en el que se ignore la disposición del niño éste, debe partir de sus motivaciones e intereses en un momento dado.

* Cada institución analiza el número de niños que está en posibilidad de integrar, respondiendo con calidad al proceso.

* Incluir el aula de apoyo como una estrategia para orientar las necesidades de los niños en su proceso de aprendizaje, previendo recursos didácticos, técnicos, pedagógicos y terapéuticos y la posibilidad de establecer convenios para el ofrecimiento de éstos últimos.

* Diseñar programas de sensibilización, partiendo de las tendencias actitudinales de la comunidad educativa.

* Fortalecer a nivel académico el proceso de cualificación docente, que sea estratégico para el desarrollo de las políticas

actuales del país y se articule con las necesidades de desarrollo de la localidad, región o municipio.

* Cambiar el esquema conceptual y organizativo del currículo, pasar de un currículo centrado en materias y grados escolares a uno flexible en procesos, en orientación de problemas de la comunidad, fundamentado en una visión integral del ser humano, el currículo no puede seguir siendo restrictivo al acceso de niños con necesidades educativas, al contrario debe ser abierto a la pluralidad de su población estudiantil, su carácter academicista genera mayor competencia para unos pocos y menor funcionalidad para la mayoría.

* Tener elementos filosóficos, como: la formación en la creatividad, la libertad responsable, el respeto por el ser humano, respeto por el ritmo del alumno, la participación de la comunidad educativa, la formación en y para la socialización y la formación contextualizada y normalizada.

* El cambio de paradigma administrativo. La comunidad educativa mediante estrategias reflexivas y de capacitación debe comprender el para qué la transformación y lograr la acción de cambio hacia lo nuevo que necesita la sociedad, esto requiere necesariamente de estas estrategias; además de la fundamentación sólida de la realidad y del contexto al que pertenece la institución, de manera que las decisiones que se tomen cumplan con las características de autonomía y objetividad y lograr la proyección de la institución como un espacio de liderazgo para la innovación, la normalización y la humanización de los procesos educativos.

* Los procesos de selección y evaluación. A la fecha las instituciones han centrado sus procesos de selección en la aplicación de pruebas psicológicas, de inteligencia y de aprendizaje para diagnosticar la "normalidad" en el niño, y la entrevista a los padres para determinar "condiciones sanas" del ambiente familiar y social, es evidente que este esquema lleva a rotular, clasificar y rechazar, lo cual trae consecuencias graves

en primera instancia para la institución, ya que se cuestiona su trascendencia a nivel social, puesto que educa para un grupo específico, para niños y familias de unas condiciones determinadas, lo que les garantiza que la orientación de la educación sea "normal" para personas "normales".

Las familias inician un proceso de búsqueda de cupo escolar para su hijo, y una vez lo logran se convierte la formación del niño en un viacrucis cuando presenta alguna necesidad educativa, ante lo cual, la mayoría de las instituciones delegan la responsabilidad de las alternativas de solución a la familia.

Bajo el esquema de selección, los niños con necesidades educativas son por lo general, rechazados al solicitar el ingreso a una institución "regular", esta situación común tanto en el sector oficial como privado, dándose con mayor frecuencia en este último.

Con el Decreto 2082 de noviembre de 1996, sobre la atención a personas con discapacidad o talentos excepcionales, se considera que la educación para estas personas hace parte del sistema educativo público del país, y se entiende la educación en este contexto a nivel privado y oficial.

Una norma reciente del Ministerio de Educación, prohibe la aplicación de pruebas de selección para niños que requieren la educación en el nivel preescolar.

El panorama presentado es claro que frente a la evaluación de ingreso las instituciones han cumplido el papel de ser selectivas, perpetuadoras de la segregación e intolerantes ante las necesidades de los niños y personas que se alejan del esquema de la "normalidad social", sin analizar la normalidad desde cada persona.

En el nuevo enfoque educativo y concretamente en el de la integración escolar para población con necesidades especiales, las comunidades educativas de las instituciones, deben entender que la evaluación es una estrategia para conocer condiciones, para diseñar propuestas curriculares y para plantear parámetros de seguimiento al proceso educativo que llevan los involucrados en él, la necesidad educativa del niño o del adolescente no puede ser obstáculo para su educación, al contrario es todo un reto con el ser humano, su familia y la sociedad y significa reivindicar el papel formativo y educativo de la institución.

Procesos de transformación institucional

La institución educativa abierta al entorno y a la pluralidad de la población con características propias en: ideología, política, cultura y religión, accesible a todos los procesos, es una institución distinta, no sólo en forma sino en pensamiento, actitud y organización.

Los procesos a seguir son:

Reformulación del proyecto educativo, institucional

Es necesario revisar la filosofía, la visión, los valores, los objetivos y la misión que contemplen en su estructura a las personas con necesidades educativas, actualizar el diagnóstico institucional, incluir cuál es la magnitud de la población con necesidades especiales en la zona de influencia, completar el manual de convivencia con tendencia al desarrollo de valores y con principios claros para la convivencia de los integrantes de la comunidad educativa, revisar los planes de estudio que posibiliten el desarrollo de la población objeto de formación.

Definir el objeto educativo

Establecer con la comunidad educativa y por consenso del Consejo Directivo cuáles son las necesidades educativas especiales objeto de educación en la institución.

Realizar el diagnóstico de las necesidades de capacitación

Saber qué requiere la comunidad educativa para orientar el proceso de integración y presentar la propuesta al núcleo educativo para ser incluido en el plan de capacitación del municipio.

Definir desde el consejo directivo los lineamientos para establecer convenios

Se requieren los convenios para incluir los apoyos cuando no se posee una unidad de atención integral en el municipio, específicamente para los apoyos terapéuticos y pedagógicos especializados que poseen las instituciones asesoras del orden departamental, o aquellas reconocidas con trayectoria en el campo educativo o de la rehabilitación de personas con necesidades especiales, del sector oficial y privado.

Definir las necesidades de recursos

Maestro de apoyo, servicios de apoyo terapéuticos, y técnicos y dotación de materiales para la atención de la población con necesidades especiales. El consejo directivo les presenta la propuesta a las direcciones de núcleo y éstos a la administración municipal.

Organizar las funciones del maestro

Al maestro del aula regular incluirle aquellos que como orientador del aula integrada debe tener. Y los del maestro de apoyo (aquellos propios para liderar el proceso de integración).

Definir el número de niños que se integran por aula

Para docentes con experiencia en integración puede llegar hasta cinco y aquellos que están iniciando hasta dos, de igual forma definir el número total de niños en la institución para el programa de integración.

Sugerencias organizativo-administrativa

Realizadas las acciones planteadas en las estrategias para la transformación, la institución educativa define qué tipo de población con necesidades educativas atiende, qué clase de aula va a tener, quiénes serán responsables de las aulas integradas y de apoyo y la estructura administrativa de las mismas.

*   Modalidades de aulas en la institución:

*   Aula regular con niños que presentan necesidades educativas especiales integrados.

*   Aula de apoyo para niños integrados (ver el capítulo aula de apoyo).

*   Aula de sordos, la cual puede existir en la institución, cuando se tiene población sorda en edad y necesidades de educación similares, con el currículo planteado para el respectivo grado escolar con un maestro especializado en sordos, reglamentado en la Ley 324 de octubre de 1996.

Cada una de estas modalidades de atención debe estar plasmada en el proyecto educativo institucional, cada una de las aulas debe tener un proyecto que la sustente, debe nombrarse su respectivo maestro responsable acorde al perfil requerido para cada aula y las correspondientes funciones.

*   Pertenencia y pertinencia del aula de apoyo a nivel administrativo.

El aula de apoyo puede tener tres figuras administrativas

*   La primera es de carácter institucional orientada a la población con necesidades educativas en la misma y se inscribe en el respectivo proyecto educativo institucional.

*   La segunda es de carácter municipal, desde esta se da cobertura a la población con aquellas necesidades educativas correspondientes a varias instituciones de un municipio o de un núcleo educativo, el aula de apoyo que hace parte de todos los proyectos educativos de las instituciones participantes y el maestro de apoyo cumple la función como itinerante e inscrito a la planta de cargos de una de las instituciones, es importante que los municipios contemplen los desplazamientos de los docentes cuando la cobertura incluye área rural.

*   La tercera es de carácter zonal, varios municipios a través de sus representantes podrán establecer mediante convenio el funcionamiento delaula de apoyo, inscribiendo al maestro a la planta de cargo de una de las instituciones y definiendo el porcentaje de pago de cada uno, así como el cubrimiento de los desplazamientos para el docente.

Accesibilidad

En el proceso de transformación de las instituciones para brindar atención educativa a la población en su diversidad, el plan gradual de atención educativa para las personas con limitaciones o con capacidades o talentos excepcionales de 1997 propone incluir la estrategia de la accesibilidad, refiriéndose a la eliminación de barreras actitudinales, arquitectónicas y de comunicación, para garantizar el acceso a los espacios físicos y de interacción social que le son propios al ser humano para su desarrollo.

El manual pedagógico del proyecto educativo institucional debe preciar las condiciones de accesibilidad de acuerdo a las características físicas de la institución y de la comunidad educativa, de la que hacen parte los niños y los jóvenes con necesidades educativas. Le corresponde al consejo académico sustentar los requerimientos de la accesibilidad para facilitar el desempeño pedagógico de estas personas y al consejo directivo aprobar la respectiva gestión de los recursos, sugiere el plan gradual tener en cuenta los siguientes elementos:

*   Accesibilidad de ambientes arquitectónicos, hace referencia a las posibilidades de acceso y la utilización por parte de la comunidad educativa en general, de los espacios físicos de la institución. La accesibilidad implica acondicionar espacios como puertas de acceso para sillas de ruedas en salones y baños, pasamanos en corredores y baños, rampas en lugares de circulación, y otras que sean necesarias de acuerdo al tipo de discapacidad de la persona.

*   Accesibilidad de comunicaciones, referenciada a la adecuación de materiales impresos, materiales audiovisuales y la inclusión de software educativos y el lenguaje de señas.

*   Accesibilidad del mobiliario, disponibilidad de este específicamente para niños y jóvenes con deficiencias físicas, requeridos en algunas situaciones para mantener o corregir postura y equilibrio estático, en algunos casos es cuestión de adecuar las mesas y sillas de la institución y en otros implica diseños acordes con la necesidad de la persona buscando funcionalidad y aprovechamiento de la tecnología apropiada

*   Accesibilidad en las relaciones interpersonales: referidos a las posibilidades de participación en las actividades de la institución en eventos académicos, culturales y recreativos y a partir de los procesos de convivencia disminuir sentimientos de lástima, sobreprotección o rechazo e indiferencia, generando además espacios para la compresión de las necesidades educativas de la persona que las presenta.

*   Materiales didácticos, dotación de materiales de acuerdo al tipo de deficiencia, en el caso de personas sordas, ciegas y de la necesidad educativa de los niños y jóvenes integrados.

Cada uno de estos elementos es importante en la medida que dan respuestas especificas a las necesidades educativas de las personas en programas de integración.

8

¿El maestro, integrador o de apoyo?

En el debate acerca de la integración de la población con necesidades especiales en el sistema educativo, sale a flote la discusión el tipo de maestro que se requiere para este proceso, el primero es, si los docentes en ejercicio están preparados para el cambio y el segundo radica en si la nueva generación de maestros está formada para asumir la educación en esta época.

En la práctica el dilema no se resuelve con discusiones visantinas, al contrario es determinando las fortalezas y debilidades del sector educativo y empezar con un plan de mejoramiento ante la presencia de las últimas.

El maestro del aula regular se pregunta: ¿Todos los niños pueden aprender?; ¿en qué grado escolar se ubica el niño? ¿Con qué criterios se promociona al niño de grado escolar y de nivel?; todo esto se manifiesta porque se ha generado un mito alrededor de la integración, de hecho el maestro hace parte de éste y entonces es común escuchar en los talleres de capacitación: ¿Cuál es el maestro ideal para orientar el proceso?

Es claro que por la estructura del sistema educativo del país es necesario hablar de un maestro en dos líneas uno para el aula regular y otro de apoyo al proceso, ambos son integradores, sólo que por organización realizan funciones diferentes que se complementan, la característica de ser líder y gestor de procesos es inherente a cualquier docente en el momento actual y las demás que se le quieran anexar a su perfil como: abierto al cambio, ecuánime, activo, creativo, investigador, etc.

En el afán de justificar y responsabilizar las acciones realizadas o dejadas de hacer, se llega a la conclusión que necesitamos un maestro para asumir los retos de la modernidad, en tres o cuatro décadas más adelante se le estará diciendo lo mismo a la generación de maestros que hoy se inician en la profesión docente, la diferencia radica en la terminología que se usará para esa época.

Desde esta polémica el maestro para la integración se convierte en un mito, en un acto de reflexión, considero que el maestro orientador de la integración educativa, debe tener tres características básicas:

*   Actitud de construcción permanente en el campo de la pedagogía, apropiándose de este saber con posibilidad de transferirlo al campo aplicado (la práctica pedagógica).

*   Aceptación y valoración de la diversidad de la población.

*   Capacidad de trabajar en equipo.

En el campo de la profesión docente, poseer conocimiento sobre los procesos que intervienen en el aprendizaje del niño y transferirlo al campo de las necesidades educativas especiales, con esto quiero decir, que el maestro que sea un profesional de la pedagogía está en capacidad de entender el ritmo y proceso de aprendizaje del niño con o sin necesidades educativas.

Bajo las consideraciones anteriores un docente profesional de la pedagogía con formación complementaria sobre necesidades educativas y con las características mencionadas considero que es la persona adecuada para orientar la integración, le corresponde asumir este reto tanto a facultades de educación como a las escuelas normales superiores.

Una política sólida en formación permanente es la alternativa de tener a la comunidad docente en una actitud al cambio, acompañado de la continuidad de programas y la investigación aplicada al aula.

Es inminente en este momento el hecho de nombrar los maestros de apoyo para la integración, estos no pueden llegar con la función de ser unos niveladores del aprendizaje del niño, pues entrarían a repetir el proceso del aula regular, con la diferencia que el trabajo lo orienta en forma individual; para evitar esta situación, el maestro de apoyo debe evaluar los procesos que intervienen en dicho aprendizaje y brindar el apoyo de acuerdo a la necesidad desde los procesos, ya sea en forma individual o grupal.

Con la implementación de la estrategia del aula de apoyo, para orientar el programa de integración, se ha instituido la figura de maestro de apoyo, su rol se enfatiza en ser uno de los mediadores del proceso en las instancias de competencia al interior de la institución, en este sentido se le da gran importancia al maestro que tiene elementos teóricos y prácticos de la educación especial, para que lidere las acciones correspondientes a la atención educativa de la población con necesidades educativas en contextos normalizados.

Tomando de la pedagogía interactiva la concepción de mediación, ambas se originaron de la teoría de Vigotsky, precisemos su significado para comprender su relación con la función del maestro de apoyo.

La pedagogía interactiva requiere de un medio social de formación que considere la historia personal de cada estudiante y su desarrollo social. Esta pedagogía concibe la escuela como un espacio para el desarrollo de capacidades del individuo, a través de intercambios sociales y mira la evaluación en función de las capacidades, intereses y rasgos culturales de cada alumno. En sus propósitos pedagógicos está el de la explicación mas no el de la predicción y el de la transformación de niveles reales a niveles de mayor potencialidad en el ser humano.

Transfiriendo la concepción de la pedagogía interactiva al tema que nos convoca, se trata de generar en la institución educativa una alternativa pedagógica como es el aula de apoyo, que con sus acciones propicie una cultura de la no-discriminación, sustentada en principios de equidad y respeto a la diferencia, buscando que la integración de personas con necesidades educativas, adquiera sentido en el currículo y se torne en una experiencia significativa para todos los actores educativos involucrados.

El maestro de apoyo en trabajo coordinado con el maestro integrador, se centrará en el proceso de aprendizaje de la persona objeto del reconocimiento de la equidad.

En esta medida estará presente en todo lo que suceda en la ruta de la integración, desde su estado de gestación y no podemos decir que hasta su punto final, porque sería darle tiempo a la integración y ese no es el sentido. En la medida que el proceso se complejiza, se posibilita el acercamiento a niveles de mayor comprensión y a la simplificación de acciones en la institución sin que el programa pierda su nivel.

Es conocido que el Decreto 2082 de 1996, le da legitimidad al maestro para ejercer las funciones como maestro de apoyo, esta medida que no es la única alternativa, puesto que una institución con maestros preparados para trabajar con la diversidad no requiere de maestro de apoyo, debería implementarse sólo en las instituciones que verdaderamente lo necesiten, la institución debe partir de reflexiones como: si quiere el programa, cuales son los niños a los que realmente le dará cobertura, si la comunidad educativa está en condiciones de actitud y de formación para esto y tomar la decisión si es necesario o no la presencia de un maestro de apoyo.

En la actualidad una de las políticas educativas de reconocimiento mundial es la de dar respuesta a la diversidad, a partir de contextualizar la educación, lo cual quiere decir que no es responsabilidad única del maestro de apoyo el proceso de integración, se parte del supuesto que hace parte del proyecto educativo institucional, en los componentes de la filosofía y la misión.

Feuerstein(1996) define el aprendizaje mediado como una cualidad de la interacción ser humano-entorno, que resulta de los cambios introducidos en esta interacción por un mediador humano que se interpone entre el organismo receptor y las fuentes del estímulo. El mediador selecciona, organiza y planifica los estímulos, variando su amplitud, su frecuencia e intensidad y los transforma en poderosos determinantes de un comportamiento en lugar de estímulos al azar. El mediador no se conforma con la presentación indiscriminada, sino que de manera significativa cambia los tres componentes de la interacción mediada. El organismo receptor, el estímulo y el propio mediador.

En un programa de integración al maestro de apoyo se le reconoce como uno de los mediadores en el proceso y se identifican como receptores a niños, niñas, padres de familia y otros maestros, quienes con su disposición actitudinal para incluir apoyos que realmente se requieren en el aprendizaje de personas con necesidades educativas, se constituyen igualmente en mediadores.

Puede interpretarse que el maestro de apoyo como visionario de un proceso no es diferente en saberes a sus demás colegas, su función está determinada por el referente de ser gestor e incentivador de una acción de cambio que es necesario introducir en la institución y está en capacidad de analizar la información que se extrae de éste y poder así contribuir al fortalecimiento del programa.

Si se pretende cualificar la educación en el aspecto de la enseñanza, para garantizar la apropiación del conocimiento, es necesario que los docentes reconozcan las teorías inmersas en la práctica pedagógica para darle sentido al aprendizaje de los alumnos, e incluir las estrategias necesarias. Dichas teorías no son para manejo exclusivo del maestro de apoyo, deben de ser de dominio de todo docente.

Tácticas del maestro de apoyo en el proceso

Empatía

El primer elemento clave del maestro de apoyo es la empatía, característica sustentada en la confianza mutua necesaria para desarrollar las acciones que implica la atención educativa a la diversidad de la población, un maestro que desde el inicio no tenga la aceptación en la comunidad educativa o que por su historia personal y profesional ha generado conflictos y se ha cuestionado su desempeño, es indudable la repercusión al nivel de credibilidad y todo lo que provenga de él será cuestionado o no encontrará el apoyo que se requiere.

La empatía del maestro puede convertirse en uno de los obstáculos o en un elemento clave para el éxito en la implementación de la integración.

La interacción

La inclusión del maestro de apoyo en el contexto estará regulada por su capacidad de observar, escuchar y discernir sobre aquellos aspectos que surgen en la implementación de la integración, su papel es el de mediar entre los receptores (estudiante, docente y padres de familia) y las estrategias de apoyo, los espacios de interacción son los concebidos para la integración, desde esta concepción el maestro de apoyo estará en contacto permanente con los docentes del aula con atención a la diversidad y se valida la pretensión de que el maestro de apoyo se involucre directamente en éstas y no en espacios externos, desconociendo el proceso y corriendo el riesgo de incluir apoyos descontextualizados.

La interacción facilita la visión en conjunto, la coordinación de acciones y la identidad de la propuesta para la institución

La comunicación

Condición para interactuar en forma adecuada, es uno de los elementos de la empatía, necesario para la discusión y en el logro de acuerdos en la implementación y desarrollo del programa de integración, el cual debe estar centrado en los procesos y no en situaciones particulares de los docentes o hechos personales, es necesario utilizar un lenguaje común así se requiera de explicaciones adicionales, el maestro de apoyo estará atento a buscar los canales de comunicación adecuados y a brindar la orientación con claridad y ecuanimidad, tendrá que cuidarse de posturas individuales, de vicios pedagógicos o de comentarios mal intencionados, siempre debe primar el interés y la necesidad común que convoca a la integración.

La continuidad

Está dirigida en dos líneas, la primera del proceso en sí mismo, para esto la actitud es la de la evaluación permanente de manera que la retroalimentación sea continua, es importante romper con el paradigma de que se evalúan resultados, está comprobado que estos son el producto del proceso, en este sentido el maestro de apoyo estará vigilante no con intención de fiscalizar sino de construir.

La segunda se refiere a la continuidad del maestro de apoyo, existe la posibilidad que muchos docentes en proceso de jubilación egresen del programa, o que tomen la decisión del cambio de función, lo importante es que las etapas que desarrollen estén lo suficientemente sólidas, que posibilite continuar con el desarrollo del programa sin traumatismos

En el caso de retiro del docente de apoyo, garantizar el empalme con el nuevo docente, si es necesario porque es posible que para ese momento la comunidad educativa tenga la fortaleza para continuar el proceso en forma autónoma.

La sistematización

La consignación en los diarios de campo, las experiencias significativas, los relatos, las discusiones, los informes verbales y escritos, se constituyen en material para las elaboraciones, que posibilitan la construcción de una teoría propia y retomar experiencias significativas que se puedan transferir a otros contextos.

Uno de los retos de la atención a la diversidad es el de potenciar maestros escritores.

Estilo del maestro como mediador en el aprendizaje

Los principios del aprendizaje mediado escritos por Feuerstein y Col (1980) se constituyen en una carta de orientación importante para la educación en general, observemos cómo es posible transferir esta concepción al campo de las necesidades educativas.

La intencionalidad

Condición fundamental para impulsar un programa educativo, desde el proyecto educativo institucional debe estar plasmado en forma explícita el propósito para atender a la diversidad.

Se enfoca esta a utilizar la interacción para alcanzar el desarrollo máximo potencial de los estudiantes, le implica al mediador involucrarlos en la experiencia, para esto debe tratar de conseguir que la persona muestre el mayor grado de competencia frente a su propio aprendizaje, es necesario establecer metas y objetivos, posibilitándole que interprete los estímulos y las estrategias como significativas.

La trascendencia

Ausubel plantea que las experiencias generan significados psicológicos, que en la persona se interpretan como aprendizajes individuales, la importancia de la transcendencia en el aprendizaje mediado radica que la noción específica que se genera de la situación en la experiencia se relacione con otros aprendizajes, pretendiendo la formación de conceptos y en lo posible llegar al campo de categorías. En sí lo que se busca es que la persona pase de la asimilación a la acomodación, de lo denotativo a lo connotativo, de esquemas a estructuras conceptuales y de lo particular a la generalización.

La significación

La estrategia, la tarea y el material tendrán que ser potencialmente significativos, es decir que despierten interés por sí mismos y contextualizados al marco de referencia de la persona para que generen un aprendizaje igualmente significativo, buscando el mayor nivel de asertividad en la acción por parte del estudiante, es probable que en las habilidades académicas con las personas con necesidades educativas es donde se tenga que enfatizar este principio, la experiencia es fundamental para que ellas logren la confianza en sí mismas, a partir de vivenciar sus logros

La competencia

Orientada a potenciar al máximo el aprendizaje, se orienta desde las capacidades individuales, se recomienda no caer en el esquema de la competitividad.

El mediador ha de ser selectivo en la inclusión de los apoyos, que se asignan a cada persona de acuerdo a sus potenciales y a la intencionalidad del aprendizaje.

Se recomienda la atención a los sentimientos de incapacidad que surjan en ellos, determinar si la razón es inseguridad o el aprendizaje que se desprende de la estrategia está muy elevado al nivel potencial de la persona, para algunos casos puede significar que están presente los dos factores.

La autorregulación

El proceso de aprender exige en la persona reconocer que ha aprendido, para darle coherencia, reelaboración y controlar su propio aprendizaje, pretendiendo que él mismo centre su atención en dificultades inmediatas, y factibles de ser abordadas.

El papel del mediador es el de llevar a la persona al proceso de reflexión permanente, que tome conciencia de su actuación en su propio aprendizaje, que sea cada vez menos impulsivo y más reflexivo frente a la acción. La reflexión posibilita determinar lo que se aprende y lo que no se aprende y ambos casos mediante qué estrategias, aquí es cuando adquiere sentido identificar el estilo del aprendizaje del estudiante.

El aprendizaje social

La integración escolar requiere de búsqueda permanente de alternativas que permitan enfrentar los obstáculos en forma adecuada, las acciones serán generadas por el grupo cercano a la persona con necesidades educativas, de hecho sus padres son protagonistas en el proceso ya que actúan como jalonadores de interacción para el aprendizaje.

El mediador actúa respetuoso con acciones que impliquen la cooperación para lograr la valoración mutua, se pretende que los demás vean al niño con necesidades educativas como otro compañero de estudio.

La individualización

Significa que la persona con necesidades educativas se encuentra en proceso de crecimiento y que ésta es una característica de todo ser humano, donde la desventaja es objeto de atención más no el obstáculo para aprender.

El mediador reconocerá el estilo de aprendizaje de los estudiantes en general, desde este tópico se sustenta la diferencia, sin que sea necesario ser reiterativo frente a la deficiencia y / o necesidad educativa del niño integrado, estas son objeto de conocimiento para reconocerlas, en ningún caso para discriminar.

El maestro de apoyo como mediador de la gestión

Es fundamental que el maestro de apoyo no sea visto como el experto, ni como el mago, sino como aquella persona que comparte la responsabilidad con la comunidad educativa, el trabajo en equipo es una de las estrategias que incluida en forma permanente al programa de atención educativa a la diversidad garantiza que su desarrollo sea un acierto.

El diseño del proyecto del aula de apoyo es su responsabilidad, pero es compromiso del colectivo el desarrollo de éste, los consejos académico y directivo juegan un papel vital en el programa, el primero para reconocer la fundamentación y calidad y el segundo para garantizar el funcionamiento.

Abandonar al maestro de apoyo a su suerte, significa que la comunidad educativa no tiene claro el compromiso social de las instituciones frente a la atención educativa a la diversidad.

La estructura de los proyectos personalizados es igualmente una herramienta para mediar entre los apoyos para las necesidades educativas y el potencial del niño, de la ejecución darán cuenta padres de familia, docentes y equipos de apoyo (directivos y personal del área de la salud).

Canalizar los recursos a través de convenios es una acción que debe estar respaldada por la institución y la administración municipal, específicamente cuando se requiera de un servicio especializado.

Contactar a las empresas promotoras de salud o buscar la afiliación de la población con necesidades educativas al programa del SISBEN, para gestionar con el equipo de la unidad de atención integral los servicios terapéuticos requeridos.

La red de maestros de apoyo es una forma de consolidar el proceso, se pretende que no se sientan solos y que a través de otros colegas de otras instituciones, se puedan reunir periódicamente a tratar dificultades, logros, ampliar conocimientos y a sistematizar sus experiencias.

El maestro de apoyo como mediador debe reconocerse como una persona honesta consigo misma y con un proceso, es decir tener credibilidad en lo que hace, ser crítico para fortalecer y no para entorpecer, que su acción irradie energía a su comunidad educativa y que cuando esté en situación difícil sea capaz de buscar el apoyo del grupo, además de esto debe tener simpatía por la integración para transcender en la empatía.

Finalmente el maestro de apoyo debe formarse de acuerdo a necesidades específicas, para su nombramiento se ha establecido un perfil, de entrada se reconoce desde la institución y desde él mismo que es la persona idónea para mediar en la transformación de la educación.

Consecuentes con esto no tendrá la integración que sufrir la contradicción de tener maestros de apoyo que se oponen a ella, desencadenando el fracaso de la misma por actitudes personales que entran a debilitar las concepciones filosóficas, pedagógicas y metodológicas.

El rol de ser un maestro gestor, significa que lo es desde el diseño, la ejecución, la sistematización y la cualificación de un proceso, por esta razón el apoyo que él reciba de las administraciones municipales es fundamental para la implementación de un programa con tendencia a revolucionar la educación para la población que ha sido discriminada en el sistema corriente del país.

La inclusión de un nuevo rol de maestro en la educación implica un cambio de esquemas mentales en el sistema educativo para no asimilar la figura de maestro de apoyo a las categorías de ayudante, supernumerario, adorno y otra que surja en el proceso, esta nueva concepción tiene que ser elaborada en la función que le corresponde para iniciar con los programas de integración.

La integración para personas con necesidades especiales integrada a los sistemas del estado

En una época no lejana, las familias llevaban a sus hijos a estudiar en instituciones educativas, "especiales" o "regulares" a nivel privado u oficial, esto generó que las instituciones dedicadas a la educación especial implementaran servicios pedagógicos, de salud y en el área social.

La Constitución Política de 1991, provoca una re-estructuración interna en todos los sistemas que componen la estructura del país, principalmente en educación, trabajo y salud. Además se deben incorporar planes y programas que venían siendo implementados por otras instancias y diversificar los existentes.

Fue así como se ha ido construyendo una nueva cultura en la competencia de la prestación de servicios que requieren los ciudadanos colombianos, a esto se une la necesidad de las relaciones y la cooperación, intra e intersectorial.

Apropiarse de la legitimidad de los derechos que tienen las personas en el país, implica comprender las normas que los fundamentan.

La intención es interpretar y dar a conocer a la comunidad en general una visión de las condiciones de prestación de servicios a la población con necesidades especiales.

Al sector salud por Ley 100, le competen los programas sobre prevención de la deficiencia y la discapacidad, desarrollando estrategias para identificar y erradicar factores de riesgo.

De igual forma le corresponde brindar a través de programas de estimulación la atención a los niños y niñas con riesgo de discapacidad cuando existe la presencia de una deficiencia o para aquellos con riesgo de manifestación por factores prenatales, natales o posnatales.

Los programas de estimulación, deben contemplar servicios profesionales especializados en neurología, pediatría, psicología, trabajo social, optometría, audiometría y ortopedia como acciones de apoyo para garantizar el desarrollo de los niños y niñas que atiende la respectiva unidad de salud.

El sector salud puede establecer convenios para la oferta de servicios especializados con instituciones de educación no formal, que orientan programas ocupacionales para personas con necesidades especiales en el componente de rehabilitación social y laboral.

Paralelo a los programas de estimulación los niños y niñas con necesidades especiales pueden ir a programas de guardería, donde el objetivo es favorecer su desarrollo. En el caso particular de los hogares infantiles de Bienestar Familiar su función es clara en torno a la protección de la niñez y al apoyo a los hijos de familias de bajos recursos económicos, no es su responsabilidad brindar los apoyos especializados en salud y educación formal.

Le corresponde al sector educativo incorporar la población con necesidades especiales en el nivel preescolar, teniendo en cuenta que el decreto de educación preescolar de 1997, considera que esta educación se orienta a niños a partir de los 3 años en los grados de prejardín, jardín y transición. El esquema de atención educativa se orienta a los procesos de desarrollo en los aspectos que plantea el decreto, sin discriminar a la población objeto de desarrollo, para este proceso de escolarización las empresas promotoras de salud (EPS) tienen una función importante como es la de brindar los apoyos terapéuticos a los que se refiere el Decreto 2082 de 1996.

Una vez culminado el proceso de educación preescolar, los niños y niñas con necesidades especiales, ingresan al programa de básica, el seguimiento del maestro de apoyo y del maestro integrador es fundamental, ya que es en este nivel cuando pueden empezar a manifestar sus necesidades educativas para los aprendizajes escolares.

El niño o niña con necesidades educativas, tiene dos posibilidades en su proceso pedagógico a partir de la incorporación a la básica:

La primera es continuar en procesos de integración, bajo la estructura de apoyos, que para esta etapa requiere mayor presencia en lo pedagógico, prestando especial atención a las habilidades prevocacionales del alumno, esto lleva a plantear que el niño, niña o joven puede asistir paralelo a un programa de pretaller para detección y orientación de habilidades que le posibiliten en un tiempo posterior el ingreso a un programa de formación profesional.

La segunda es ingresar a los programas ocupacionales orientados por instituciones de educación no formal o especializados en retardo y autismo con enfoque en áreas de pedagogía, recreación, deporte, vida familiar y social, desarrollo humano y pretalleres. Está establecida la integración a personas con limitación visual en todos los niveles de escolarización, así como la educación formal de personas sordas a través de las aulas para sordos.

Al sector laboral le compete asumir la formación de las personas con necesidades especiales en oficios calificados, o en procesos de un oficio, puede establecer convenio con instituciones de educación no formal que posean estas propuestas.

El sector productivo, debe incorporar personas con necesidades especiales, previo análisis de la calificación de éstas para el oficio y del establecimiento de los mecanismos de prevención y adecuación del puesto de trabajo para el trabajador (Ley 361 de 1996 y Decreto 2177 de 1989).

La integración y aquellas historias

Hace 2.400 años Sócrates se había dado cuenta de lo lejos que estaba de ser Sabio, de que no sabía nada.

La sabiduría consiste en el reconocimiento de nuestras limitaciones y en el conocimiento de nuestra propia ignorancia a pesar del exceso de información que por momentos nos abruma.

Un mito-un grito

El mito de lo desconocido, lleva a crear el fantasma de la limitación y monstruos en nuestra mente, la imaginación de lo limitante es poderosa y crea barreras.

Señalar las limitaciones en el otro, humano, significa proyectar las propias y negar las posibilidades.

Las limitaciones no son externas ni físicas, son aquellas que manejamos desde lo más profundo de nuestro espíritu.

No existe persona más limitada que aquella que por su rigidez mental y agonía espiritual, todo lo ve imposible de cambiar.

La integración es reconocer mis limitaciones, resaltar las potencialidades y aceptar la diferencia; la mente, el espíritu y los corazones sin barreras dan posibilidad de lo real en lo real.

Actor principal o de reparto

Ser un actor implica de cierta teatralidad que no resulte aburrida para el público.

Ser actor implica de un libreto, determinado o simplemente bosquejado.

Ser actor de o en la integración escolar, implica asumir un papel, no siempre el actor principal es el de mayor impacto para el público.

La interpretación escolar es asumida por los actores (agentes educativos), en los escenarios educativos con posturas dogmáticas o simplemente complacientes.

Asumir el papel en la línea complaciente, convierte la integración en un acto estrictamente comercial, es decir para darle gusto a la ley, al sistema social, a una demanda o a otro factor.

Asumirla como un dogma, cierra toda posibilidad de creatividad, de flexibilidad, y de búsqueda de la verdad, irrespetando a la persona objeto de la integración.

Lo que tiene que cambiar es el concepto de verdad absoluta y la posesión de un saber único.

En el desarrollo de la trama olvidamos con frecuencia que la persona con necesidades especiales es la fuente de inspiración y a la vez representa el papel protagónico, los demás somos los guionistas con actitud de redescribir la historia, o camarógrafos que registramos los hechos, o editores que publicamos interpretaciones del conocimiento.

Conocer, sentir y decir

Es un día común a otros, Andrés se acerca a su padre y le pregunta. ¿Papi, qué es un niño mongólico?

El padre ante la pregunta de su hijo de cinco años entró en un dilema, él ha leído artículos sobre el Síndrome de Down. (Por su cabeza pasan mil pensamientos).

Mira hijo: ¿tú has visto los chinos en las películas? Sí papi y son karatecas, bueno, las personas mongólicas se parecen a los chinos, leen y escriben despacio, les gusta bailar, nadar y conseguir novia, Andrés lo interrumpe y propone ir a columpiarse.

La vida de Andrés continúa, ingresa a la primaria, sin mayores problemas, el primer día de clase al iniciar el segundo grado, el padre es citado al colegio, él acude con expectativa, pues no es normal que lo citen al colegio y más el primer día de clase, se entrevista con la profesora del grupo y el psicólogo de la institución.

Señor, empieza el psicólogo: hablemos de la vida en familia, de las relaciones de usted con su hijo y su esposa, el padre responde con una pregunta: ¿A qué se debe la situación?, insiste el psicólogo, es importante que responda, bueno, Andrés es hijo único y la madre murió cuando el niño tenía dos años; la profesora dice lo ve, ahí está el problema, es un niño carente de afecto, el padre de Andrés la interrumpe y le dice: considero que mi hijo y yo conformamos una familia feliz, pero no entiendo qué está pasando, la profesora se para furiosa, ¿no entiende? pues resulta que su hijo me dijo mongólica delante de la clase, no es posible, responde el padre con expresión de asombro, agrega la profesora, le pregunté a su hijo ¿Qué dijo? y me repitió mongólica, karateca y busca novias; el padre entra en risa, la profesora se enfurece, se dirige al padre y al psicólogo, es muy claro, de tal padre tal hijo.

El psicólogo interviene, se dirige al padre de Andrés: ¿Quiere explicarme de qué se ríe? Él procedió a contarle lo que había ocurrido hace dos años, el psicólogo observa a la profesora y le dice sus ojos rasgados han confundido al niño.

Sensibilidad

La sensibilidad significa actitud de permanencia, descubrimiento, humildad y respeto por la vida.

Implica apertura, receptividad y capacidad de sorprendernos.

Sensibilidad no es sinónimo de pesar, es proyección.

Sensibilidad implica la enorme posibilidad de utilizar toda la riqueza de nuestros sentidos.

La sensibilidad es la fuerza de la imaginación y se constituye en un elemento esencial para asumir y transformar la realidad.

Vivencias

¿Quién es el tonto?

—Hoy salí al parque y me encontré con los niños del barrio, Uno de ellos gritó: —¡Negro!

Otro dijo: —Este tonto se va a caer.

Y otro dijo: —Ahí viene el retardado.

La madre del primero dijo: —Es de color, hijo.

La madre del segundo expresó: —Es enfermo de la cabeza.

La madre del tercero habló: —Es el niño especial.

El ermitaño se detuvo y dirigiéndose a las madres de los niños así habló. A la primera: —¿Tu piel carece de color?

A la segunda: —¿Tus dolores de cabeza no son cefaleas?

A la tercera:—¿ Acaso tus opiniones no están fuera de contexto?

Regresé a casa y me pregunté: —Mamá, papá, ¿existen personas incoloras? ¿Las personas sólo se enferman de la cabeza? y ¿por qué el mundo está lleno de necios con actitudes tontas?

La normalidad del ser humano en la década de los noventa

La sociedad, no puede distanciarse de la tendencia holista de los noventa, esta nueva visión lleva a la educación a replantearse su función, analicemos las dimensiones del desarrollo del ser humano en la modernidad.

* *Motriz y físico*

   Se valoran las medidas de modelo o reina, rostro de actor o actriz, caminado de gacela y cuerpo bronceado.

* *Comunicativo*

   Gestos insinuantes, usar modismos.

* *Afectivo*

   Cambiar de pareja cada año, tendencia al divorcio y a las relaciones con extraños, los hijos son una carga y hay que evitarlos, pues deforman el cuerpo.

* *Lúdico*

   Pertenecer al club y al gimnasio IN de la ciudad, viajar a las Islas del Caribe, Europa, Miami y Orlando, es imposible resistirse a disfrutar de la exhibición de cuerpos, asistir a todas las ferias, salir a puebliar, manejar a altas velocidades, conocer la discoteca nueva, asistir a los desfiles de moda y como hobbys la cafetería de la universidad y seguir los programas del momento en la televisión.

*   *Aspecto cognitivo*

Destreza para sacarle dinero a los padres, habilidades para gastarlo en las necesidades básicas y con personas frívolas.

*   *Aspecto laboral*

Trabajar por temporadas, tres horas diarias, como actor, actriz, modelo o relacionista, el exceso de trabajo envejece el cuerpo.

*   *Aspecto comunitario*

Asistir a eventos de beneficencia, esto da reconocimiento y pantalla en la televisión o en las revistas.

Si la comunidad es como se describe en el texto, esto nos hace pensar en los siguientes planteamientos.

En el perfil docente, se daría prioridad a los aspectos motriz-físico, comunicativo y de la informática, la cual está referida a la actualidad social en cuanto a lugares, personajes de la vida pública, tendencia en el vestido, además, de afiliarse a Internet para conocer qué está ocurriendo con las parejas del mundo del espectáculo.

Las instituciones deberán transformar los laboratorios de Física y Química en gimnasios, el laboratorio de biología en salas de cirugía plástica y por supuesto la biblioteca se fortalecerá con revistas de actualidad y de "alto nivel científico" como: Cromos, Cosmos, Aló, T.V. Novelas, Cosmopolita, entre otras.

Ignorancia, realidad, verdad

Tres instancias motivan el conocimiento, la verdad, la ignorancia y la realidad.

La ignorancia sinónimo de desconocimiento, desencadena en un fenómeno bipolar, la apertura o el bloqueo.

La verdad por su parte es peligrosa cuando es asumida como absoluta.

La realidad es el espacio para la controversia, las comparaciones, las construcciones, las confrontaciones y las destrucciones.

La realidad da cabida a la verdad absoluta o no absoluta y a la ignorancia con sus diferentes causas y manifestaciones.

La realidad es un cúmulo de acciones segregadoras o de apertura.

El conocimiento no es finito, ni la ignorancia es infinita.

En la realidad ninguna persona posee mejor conocimiento que otra, es cuestión de saberes en diferentes líneas y de habilidades para su apropiación, organización conceptual y socialización.

El ignorante con su apertura al saber de otras es un sabio y el sabio es un ignorante al cerrarse al punto de vista de otros.

La única verdad es la realidad, de la cual verdad e ignorancia son polos que se complementan, la ignorancia da cabida a la verdad y ésta se aprovecha de la ignorancia para imponer su saber.

Para la integración escolar, en la realidad existen verdades no absolutas que la sustentan y otras verdades por construir con un número de posibilidades infinitas.

Bibliografía

BASOCO, José Luis y otros. *"La persona con retraso mental y sus necesidades: Mejora su calidad de vida en el siglo XXI"*. En: *Revista Siglo Cero* No. 169 Enero - Febrero. 5-17 p. (1997).

BLANCO G, Rosa. *Modelos de apoyo y asesoramiento.* UNESCO Santiago de Chile. (1995).

CONGRESO DE COLOMBIA. *Ley 324. Normas a favor de la población sorda.* Santafé de Bogotá. (1995).

CORREA A, Jorge Iván, VÉLEZ J., María Elena. *Modelo de integración para población con necesidades especiales Municipio de Girardota.*(1998).

DÍAZ A, María José. *Niños con necesidades especiales. Gráficas:* Juma. Madrid. (1995).

_______________. *Programas para favorecer la integración escolar: manual de intervención.* Gráficas: Juma. Madrid. (1995).

______________. y otros. *Instrumentos para evaluar la integración escolar.* Gráficas: Juma. Madrid. (1995).

FECODE *Ley General de Educación.* Santafé de Bogotá. (1994).

GAVIRIA J., María Eugenia. *Contextualización de la integración escolar en Colombia;* Manizales. (1993).

GARCÍA, Pastor. *Una escuela común para niños diferentes.* Publicaciones Universitarias. Barcelona.(1993).

GARRIDO L., Jesús. *Adaptaciones curriculares editorial.* CEPE. Madrid. (1997)

GONZÁLEZ M., Daniel *Adaptaciones curriculares.* Editorial Aljibe. Málaga. (1995).

GORDON, Porter. *Modelos y estrategias de educación integrada.* Canadá. (1995).

MINISTERIO DE EDUCACIÓN *Decreto 2082. Atención educativa para personas con limitaciones o con capacidades o talentos excepcionales.* Santafé de Bogotá. (1996).

______________. *Plan de cubrimiento gradual de atención educativa para las personas con limitaciones o con capacidades o talentos excepcionales.* Santafé de Bogotá. (1997).

MOLINA, Santiago. *Escuela sin fracasos.* Editorial Aljibe. Barcelona.(1997).

SECRETARÍA DE EDUCACIÓN BÁSICA. *Integración educativa.* México-España. (1997).

______________. *Informe técnico de resultados parciales proyecto integración educativa.* México-España.(1997).

SECRETARÍA DE EDUCACIÓN DEPARTAMENTAL. *Circular 032*. Medellín. (1998).

TECNOLÓGICO DE ANTIOQUIA. *Memorias. Primer encuentro para el fomento de la integración escolar de Antioquia*. Medellín. (1994).

VERDUGO A, Miguel. *Personas con capacidad*. Editorial Siglo XXI. Madrid. (1995).

______________. *Retraso mental. Definición, clasificación y sistemas de apoyo*. Editorial Alianza. Madrid. (1997).